# 誰も調べなかった日本文化史

## 土下座・先生・牛・全裸

パオロ・マッツァリーノ

筑摩書房

# 誰も調べなかった日本文化史【目次】

# 誰も調べなかった日本文化史——土下座・先生・牛・全裸

【注】

参考にした新聞記事が掲載された号を（　）で示してあります。

朝日新聞と読売新聞は、それぞれ朝日、読売と略しました。日付のあとに「夕」とあれば夕刊を意味します。なければ朝刊。どちらも基本的に東京版です。

たとえば、（朝日一九七一・一〇・一）は、朝日新聞一九七一年一〇月一日付朝刊を意味します。

古い新聞・雑誌・書籍からの引用は、内容に差し支えがないと判断した範囲で、現代かなづかいに直しました。旧字を新字にしたり、むずかしい漢字はかな表記にしたところもあります。

なお、文中に登場する人物の肩書き・所属・階級、省庁名や会社名などはすべて、記事や資料の発表当時のものです。

# 第一章　つゆだくの誠意と土下座カジュアル

ごめんで済んだら警察いらない。中高年やお年寄り世代の日本人にはおなじみの日本語表現ですが、警察組織に対する大変な誤解があるようです。有罪か無罪かは裁判で決めることであって、現場の警察官が個人的な判断で無罪放免しては困ります。仮に警察にごめんと謝って逮捕をまぬがれた容疑者など、いてはならないはずです。仮にもしそんな事実があったことが、ナントカリークで流されちゃったら、警察のお偉いがたのほうが謝罪会見を開いて不祥事をわびなければなりません。

極論が許されるなら、欧米は釈明の文化、日本は謝罪の文化といえましょう。日本人はとにかく、謝るのが好き。また同時に、他人に謝らせるのも大好きです。Mなのか S なのかわかりません。

遅刻をしてしまったとき、待たせた相手にあなたならなんといいますか。日本人ならほとんどの人がまずまっ先に、「ごめん」「すいません」と謝ることでしょう。でも肝心の遅れた理由については、ひとことふたこと、むにゃむにゃとつぶやくだけ。不思議なことに日本人同士だとそれで済んでしまいます。待たされた相手もそれ以上追及しようとしません。逆に、遅刻してきた人が謝らずに理由だけだらだら述べると、「いいわけするな!」と怒るのです。

一五分までの遅れは遅れではないと鉄道会社が公式に宣言しちゃったりする欧米には、そもそも遅刻の概念がない猛者もいますけど、そういう人はべつにして、一般的に欧米人が遅刻してきたら、遅れた理由を述べて釈明するでしょう。待たされた側もそれを望むはずです。謝罪の言葉はなくてもいいんです。だって天変地異や電車の事故など不可抗力が原因で遅れたなら、自分のせいじゃないじゃん。なんで謝るの?

加害者から被害者への釈明はどんなものが有効なのか、大渕憲一さんは日米の大学生を対象に実験しました。結果はおおかたの予想どおり。日本人が圧倒的に「謝罪」を受け入れたのに対し、アメリカ人は、自分以外の要因が原因だと理屈で説明し自分を正当化する「釈明」のほうを好意的に受け入れたのでした。

＊

他の国にはない、日本独自のエンターテインメントといったら？　歌舞伎？　相撲？　いえいえ、そのふたつを超える人気のエンターテインメントがあるのです。それが、謝罪会見。なにしろ、歌舞伎役者もお相撲さんも謝罪会見を開くのですから、まちがいなく日本で最強のエンターテインメントです。

ヘタこいた有名芸能人やお偉いさんが、大勢の取材陣の前で涙を流し頭を下げるその瞬間をテレビで観覧するのが、いまや日本人の国民的娯楽となっています。謝罪会見での一挙手一投足、言葉のひとつひとつが、職場の昼休みや飲み会の席、ネットの2ちゃんねるなどで吟味・評価・格付けされます。他人《ひと》の不幸は蜜の味。

欧米でも、問題を起こした有名人が会見することはありますが、日本の会見とは似て非なるものです。会見の目的は、自分に非がないことをいかに論理的に説明できるか、なのですから。その技量がすぐれているほど、マスコミからも高い評価を得られ、味方が増えるシステムになってます。専門家によって緻密な論理で組み上げられた台本を、ヘタなアドリブで台無しにせぬよう、いっさいの質問を受け付けずに会見が終わるのが通例です。あくまで謝罪ではなく、釈明会見の位置づけなんです。

日本でもし欧米流の会見をやったら、まったくの逆効果になります。日本人にとって記者会見とは、罪人《つみびと》が公開懺悔をする場なのです。釈明の機会を与えられたとカンちがいしてはいけません。無罪放免はありえません。謝罪に始まり謝罪に終わるのが作法です。

マスコミや視聴者の評価基準はもちろん、どれだけの誠意が伝わってきたか、です。たとえ自分に非がなかろうと、理屈をいって自分を正当化するのは、もっとも誠意に欠ける行為とみなされます。そうなったらもう、タレント生命、コメンテーター生命は確実に終焉を迎えます。その有名人の姿はCS放送でしか見られなくなることでしょう。

## 釈明か謝罪か

それにしても、日本人はいつからそんなに謝罪会見が好きになったのでしょうか。

さっそくいつものように、新聞記事をチェックしてみました。

なんだか最近、私は当日の新聞よりも古新聞を読んでる時間のほうが長くなってます。新聞は古来、速報性を武器としてきたメディアですが、テレビとネットの台頭によってその優位は揺らぎ、ちかごろでは、いずれ新聞はなくなるのではとすら囁かれています。

でもその見かたは的はずれです。新聞は、じつは時間がたつほど、歴史が積み重なるほど、おもしろくなるんですね。ここ一年ほどむかしの新聞を読みこんできた私の実感ですから、まちがいありません。

新聞社のかたは進むべき道をまちがえてはいけません。速報性で勝負をしたら負けは明らかです。過去記事の積み重ねでなら、テレビにもネットにも圧勝できるんです。経費がかかるからといって、縮刷版や過去記事検索データベースを作らない新聞社は、自ら積み上げた貴重な歴史をドブに捨て、未来への扉をも閉ざしているのだと警告しておきます。

＊

本文か見出しに「釈明会見」と「謝罪会見」が登場する記事件数をグラフにしましたので、ごらんください。

この手の統計では、サンプル数が少ないこともあって、特異点が発生しがちです。このグラフでは、二〇〇〇年（平成一二）の釈明会見と、二〇〇七年（平成一九）の謝罪会見の突出ぶりが目立ちます。グラフ全体を見る前に、その理由を明らかにしておきましょう。

二〇〇〇年の釈明会見記事は、森首相の「日本は天皇を中心とする神の国」発言が問題視されたことを受けて開かれた釈明会見を扱ったものが、八割がたを占めています。二〇〇〇年の突出した数値は、森首相が個人技で叩き出した、圧倒的なスコアだったのです。

対して二〇〇七年の突出は、たまたま大きな事件が重なった複合要因によります。ボクシングの亀田親子が内藤戦で悪質な反則行為をした件と、安倍首相の突然の辞任、そして食品偽装事件が重なり、それぞれ謝罪会見が開かれたため、近年まれに見る、謝罪会見の当たり年となりました。

そんなわけで、グラフを見る際には、この二年の山はさっ引いて考えてください。とはいえ、こうやって朝日と読売を比べることで、朝日新聞のトンガリぶりがはっきりします。だれかがヘタこくと、ここぞとばかりに集中砲火を浴びせる朝日の暴走グセが如実にうかがえます。

特定対象への過剰な批判は、アングラ系出版社がやるならともかく、全国区の巨大マスコミの報道姿勢としては、ほめられたことではありません。おっと、誤解を招く前にいっときますが、私はアンチ朝日の立場を取ってるわけではありません。購読してるのは読売ですが、読売にだって、ずいぶん一方的な見かただなと思う記事はあります。統計やアンケートの数字を誤用・曲解してる記事を、以前の著書でネタにした

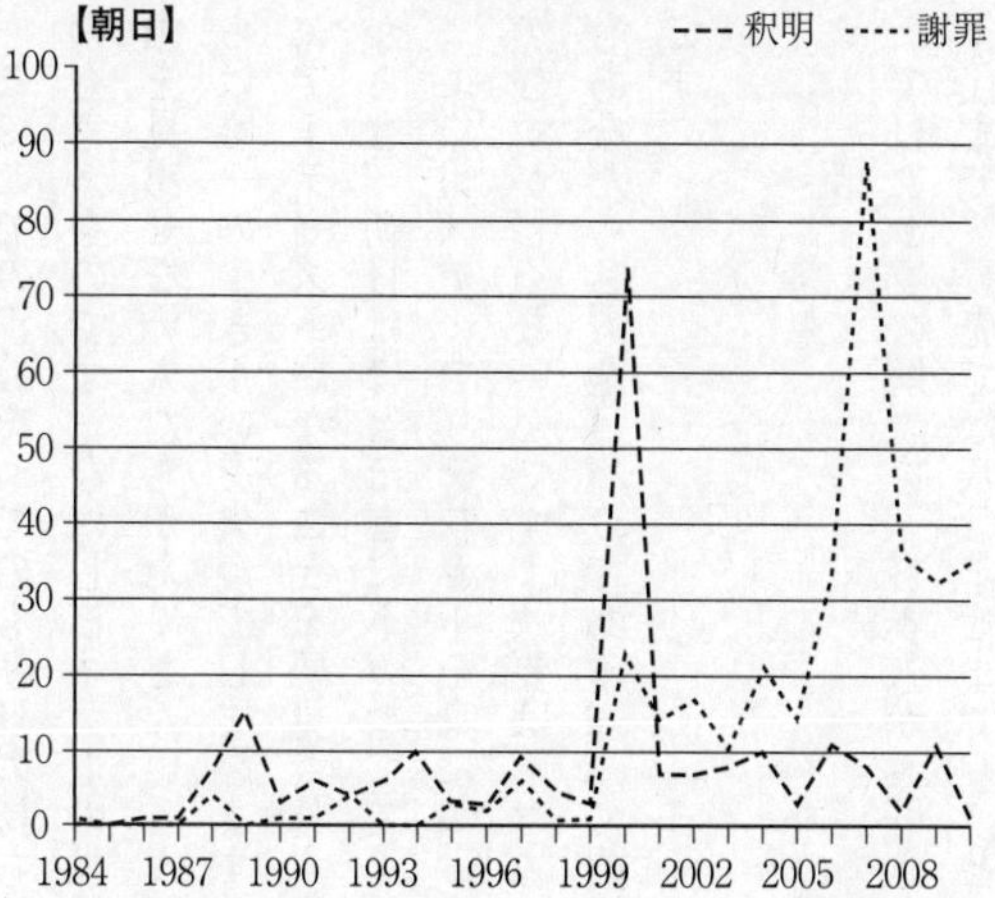
【朝日】
釈明
謝罪
100
90
80
70
60
50
40
30
20
10
0
1984
1987
1990
1993
1996
1999
2002
2005
2008

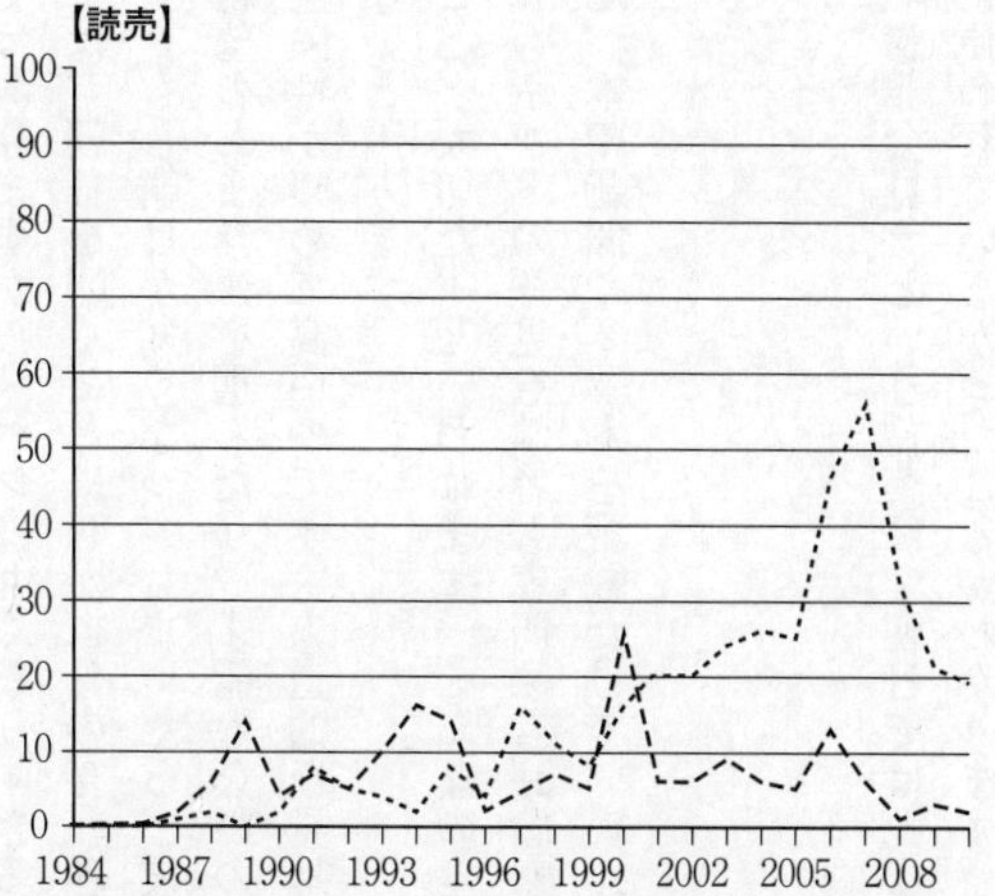
【読売】
100
90
80
70
60
50
40
30
20
10
0
1984
1987
1990
1993
1996
1999
2002
2005
2008

こともあります。

ここでの正義感ってのも朝日の持ち味ではありますから、ヘンに丸くなりすぎるのも考えものです。なにしろネットの世界には、朝日を叩くことにしか自分の存在理由を見出せない人たちがたくさんいるんです。もし朝日が丸くなってしまったら、彼らは唯一の生きがいを失ってしまいます。絶望のあまり死を選んだり、才能もないのにアーティストになることを夢見たりする危険性が極めて高いのです。人道的な見地からも、朝日はほどほどにトガってくれないと困ります。

よく、メディアリテラシーを身につけることが大切だ、といわれます。そんなの全然むずかしくないんですよ。要は、マスコミもネットの意見も学者も専門家も評論家もあなたも私も全員バカである、って前提で、本や新聞やネットを読むだけでいいんです。

＊

ではグラフの解説を。日本人が大好きな「謝罪会見」という言葉は、朝日では九〇年代まで、読売では八〇年代まで、ほとんど使われていなかったことがわかります。それ以前の記事は見出し検索しかできないのですが、七〇年代までの記事見出しに

「謝罪会見」が使われた例は両紙ともにありません。

見出しに登場する「釈明会見」でもっとも古いのは、読売では七九年（昭和五四）一月三〇日付。ダグラス・グラマン事件で日商岩井の副社長が釈明会見を開くという記事でした。朝日はもうちょい遅れて、八三年（昭和五八）七月二三日付。東京医科歯科大の教授選に絡む現金授受疑惑で同大の教授が釈明会見を開いたという記事。

これまた、さほどむかしからでもないんですね。もちろんこれは記事見出しだけの検索結果なので、本文中ではもっと以前から使われていた可能性はあります。

なお読売で過去の記事を検索すると、謝罪会見として何件かヒットするのですが、それは記事検索用につけられた見出しであって、実際の紙面では使われていないんです。こういうまぎらわしいことは、しないでほしいよなあ。

たとえば、謝罪会見で検索にかかった昭和五三年一月一一日の記事では、警官がひとり暮らしの女性宅に乱暴目的で押し入って殺害した事件を受けて、警視総監が涙ぐみ、こぶしで机を叩きながら記者会見をしたと報じられてます。たしかにそこまでやれば、内容的にも形式的にも完全に謝罪会見なのですが、記事中ではその言葉は使われてません。あくまで記者会見で謝罪、なんです。

九〇年代、読売のほうが朝日に先んじて「謝罪会見」を使いはじめますが、九〇年代前半までは「釈明会見」のほうが多かったというのも意外です。謝罪が釈明を引き離して完全に上回るのは、両紙ともに二〇〇一年以降のことでした。

＊

カンちがいしないでいただきたいのですが、会見を開く側は、これより謝罪会見を行います、だとか、釈明会見を開くのでお集まりください、なんていいませんよ。開く側にとっては、すべて単なる「記者会見」なんです。それを謝罪ととるか釈明ととるかは、取材する側の受け取りかたひとつです。

二〇〇一年以降、朝日も読売も、圧倒的に「謝罪会見」が多くなりました。大宅壮一文庫の雑誌記事見出し検索でも、「謝罪会見」の文字は二〇〇二年から急増しています。

これはべつに、新聞社や雑誌社が意図的にやったことではありません。マスコミの人たちだって一般市民のひとりだし、一般読者の求めるものや気分をつねに意識しています。ですから自然と一般読者が喜びそうな方向へと、言葉や記事内容は変化していくものなのです。

世紀の変わり目を境に日本人は、他人の釈明を聞いて善悪をあれこれ深く考えるよりも、なにも考えずに悪と決めつけて謝罪させることのほうを、より強く求めるようになったようです。

＊

いやあ、欧米は釈明、日本は謝罪の文化だ、などと単純化してしまったのは、お恥ずかしいかぎりです。その理論には修正が必要なようです。もちろんむかしから、日本人が他人のミスや失敗にきびしくあたり、事態の解明よりも責任論に走りがちな傾向は見られました。けど、二〇世紀までは日本人もまだ、ヘタこいた人間の釈明を聞いてやるだけのふところの深さがあったのです。

しかしここ一〇年ほどで、どういうわけか日本人は、ひどく不寛容になってしまったようです。他人のミスや失敗を糾弾し、釈明よりも謝罪を期待し（あるいは要求し）、頭を下げるさまを見て溜飲を下げる品格のないオトナが増えました。

だったら、謝罪すれば許すのかというと、それがそうでもない。今度は謝罪の内容や言葉、作法に誠意が見られない、と難癖をつけていつまでも許さないのだから、どうしたらいいものやら。日本では、一度でもミスや失敗を犯した人間は死ぬしかないってことですか。こんな不寛容な社会では、日本の自殺率が高いのも無理はないなと思えてきます。

＊

こうなったきっかけがなんだったのかは、謎のままです。二〇〇〇年ごろになにか特別なことが起こりましたっけ？ おっと、もしやあれですか？ 在任中から失言キングの称号をほしいままにしていた森首相のあいまいで強情な釈明会見のせいで、日本中に、釈明会見ってウザくね？ 真実なんてどうでもいいんだよ、オレら謝罪が見てえんだよ、これからは釈明会見じゃなくて謝罪会見にしろよ、って空気が広まったとか？

謝罪会見が増えたのは森さんが原因だった……いやいやいや、こういうおもしろい仮説には、ついつい飛びつきたくなるけれど、因果関係の判断は慎重にしないといけません。

とりあえずたしかなのは、首相になった時期のちがいで、森さんは釈明会見で済んだのに、安倍さんは謝罪会見をしなくちゃならなかったという事実です。

森さんはちょっとした失言だったけど、安倍さんは突然の辞任だったから責任の重さがちがうといえなくもないけど、森さんの会見内容を確認すると、国民のみなさまにおわび申し上げる、という謝罪の言葉もあるんです。それでもマスコミは釈明会見と報じました。

それに、過去にも大失敗した首相、重罪に問われた首相は何人もいたじゃないですか。なのに、彼らの会見を「謝罪会見」とは表記しませんでした。

森さんは、発言が意図せずに、なぜかすべてブラックジョークになるという特殊能力をお持ちのかたで、失言の山を築いたにもかかわらず、謝罪でなく釈明で済みました。安倍さんは体調不良による突然の辞任一発で謝罪会見と相成ったわけで、やっぱり安倍さんは不運だった、としかいいようがありません。

**誠意って、何かね？**

いまはけっこうテレビ好きの私ですが、一九九〇年代前半までは映画ばかり見てたもので、当時の日本のテレビ事情には疎《うと》いのです。とりわけドラマはほぼ全滅。あの名作『北の国から』の連ドラ本編も、初期のスペシャルも未見です。

それがなんの気まぐれか、スペシャル版の『北の国から　'92巣立ち』は本放送のときに見たんです。それまでのストーリーをまったく知らなかったにもかかわらず、むかしなじみのようにドラマの世界に投入できる巧みな人物造形にうならされました。役者のみなさんの演技がすばらしかったのも、もちろんです。とくに田中邦衛さん演じる黒板五郎の、こどもたちを想う心情には涙を流しました。

内容を確認するために先日DVDを借りました。およそ二〇年ぶりなのに、ほとんどのシーンをおぼえていて、確認の必要もなかったくらいです。たいていの映画やドラマの内容をしばらくすると忘れてしまうこの私がはっきりおぼえていたのだから、相当強烈な印象だったのでしょう。

なかでも忘れられない名場面が、黒板親子が揃って謝罪するシーン。黒板純は、たいして好きでもないタマコと、セックスだけを目的につきあっていましたが、とうとう妊娠させてしまいます。タマコは自ら望んで堕胎するのですが、東京での親代わりである叔父さんは、故郷の兄から預かっている大切な娘を傷物にされたことに収まりがつかず、純を殴り倒し、純の父親の五郎も呼びつけます。畑で採れたカボチャを差し出し、土下座して謝る五郎に、タマコの叔父はこう問いかけるのです。「あんたはさっきから、誠意誠意といってるが、誠意って、何かね?」。

＊

マレーシア、ルングス村の人たちにこのドラマを見せたら、きっとこういうはずです。「叔父さん、それはね、ブタかヤギを相手と祈禱師に贈ることですよ」。

もめごとを起こして相手に謝罪を迫られた際に、モノを贈ってことを収める習慣は、アジア、アフリカ、太平洋の島々など各地で見られます。

宮本勝さんによれば、ルングス村周辺の地域では婚前性交渉が重罪だそうで、発覚した場合、男が女の親や祈禱師に、ブタを賠償として贈らねばなりません。相手がイスラム教を信奉している村の娘だったらヤギを贈るんです。イスラム教信者はブタを食べませんから。

ケニアのある農村では妻が浮気して夫婦げんかとなった場合、妻がヤギを用意してみんなで食うと和解になりますし、フィジーでは相手の許しを乞う際に、クジラの歯や灯油缶などの贈り物を持参します。メラネシアのトロブリアンド島ではヤムイモを贈って謝罪の意をあらわします。

ブタだのヤギだのを贈るなんて前近代的な文化だな、なんて笑うのは失礼です。考えてみてください。欧米諸国や日本などの文化が進んだ（と本人たちが思ってる）国家だって、もめごとが起きたら民事訴訟を起こし、最終的にはカネを相手に贈ることで収めてるじゃないですか。ブタが札束にカタチを変えただけで、やってることは同じです。

どうやらわれわれ人類に共通する「誠意ある謝罪」とは、モノやカネを相手に贈ることである、といい切ってしまってもいいようです。

となると、五郎さんがカボチャを差し出して謝ったのは、文化人類学的には、あながち的はずれな行為ではなかったわけで。しかしドラマではその誠意は相手に伝わらず、カボチャとともに追いかえされるハメになるわけで。

相手の叔父さんが豆腐屋のご主人という設定だったのがいけなかったんでしょうね。もし叔父さんが文化人類学者だったら、快く謝罪を受け入れていたことでしょう。まあ、ことの重大さを鑑《かんが》みると、カボチャだけでなくブタかヤギも一頭寄こせ、くらいの要求をしたとしても不思議ではありません。その権利はじゅうぶんにあったと思われます。

＊

結局このドラマでは、五郎が誠意とはなにかを考え抜いたあげく、丸太小屋を建てるために借金して買った数百本の丸太を——皮むきまで済ませていた大事な丸太を、すべて原価で売り払い、そのカネを豆腐屋のご主人に贈ることで決着します。ご主人は、息子の不始末の償いにそこまでした五郎の誠意を汲み取り、今回のことは忘れましょうといい、カネを返して寄こします。

とても深くていい話ではありますが、冷徹な批評眼で物語の構造を分析すると、なんだかんだいって、誠意をあらわす方法はやっぱりモノかカネしかないんだな、ってことになっちゃいます。ほらね、いい話を一気にミもフタもない話に格下げしてしまうでしょ。分析的な批評が、いかに無粋で野暮であるか。批評家とは友だちになりたくないですね。

ところがこの、誠意ある謝罪とはモノかカネを相手に贈ることである、というワールドスタンダードを、日本人だけは、すんなり受け入れようとはしません。日本人だってたいていの場合、謝罪のしるしとしてモノやカネを受け取るんですよ。ドラマのご主人みたいに、和解した上にカネを返して寄こすなんてのは、たいへん奇特なかたです。

カネやモノを受け取るくせして、日本人はそれで飽きたらず、さらに〝誠意〟を要求するんです。相手の謝罪に不満な人はたいてい、「誠意が見られない！」と相手をなじります。

新聞の読者投書欄を見ても、「政府には誠意ある対応を望む」「企業側は誠意ある態度を見せるべきだ」みたいな怒りの投書がごまんとあるんです。お怒りになってることはわかるのですが、私はその投書者たちに逆に聞きたいのです。あなたのいう誠意って、具体的には何かね？　と。

誠意ある対応とか誠意ある態度、謝罪とはどういうものなのか、具体的に提示しなければ相手は対処のしようがないから、永遠に相手を責め続けることができるのです。なんて陰湿な責めかたでしょう。相手からブタを贈られればとりあえず矛《ほこ》を収める人たちのほうが、よっぽど紳士的です。

昭和二七年一月号の『言語生活』に、釘本久春さんがコラムを書いてます。労働組合などの人たちが賃金交渉をする場面では、やたらと「誠意があるのかどうか」「誠意のある回答をせよ」といった言葉が聞かれるとのこと。

釘本さんはこれを誠意の濫用だと批判します。給与は生活に直結する深刻な問題なのだから、具体的な条件や妥協点を決めるのが大事であり、誠意の有無は問題ではない、と。

たしかにそうですよね。誠意を重んじる人は、会社側に誠意があれば給料下がってもいいんですかね。私は給料上がれば誠意なんてなくてもいいけどな。

釘本さんのべつの言葉も引用しておきましょう。

　もしその人に誠意があるならば、「誠意があるか。」と問うことは、その人に対して非礼である。

　もしその人に誠意がないならば、「誠意があるか。」と問うことは、その人に対して全く無意味である。


至言です。名言辞典に採用していただきたい。

世界基準からいうと〝誠意＝モノ（カネ）〟なのに、日本人の基準だと〝誠意＝モノ（カネ）＋誠意〟。なんだか数式の釣り合いがとれてません。二重の誠意、誠意の上塗り、つゆだくの誠意を日本人は相手に求めるのです。

**土下座はトレンディ**

五郎さんが息子の不始末を謝り、誠意とはなにかを問われていたときの姿勢はどんなだったかおぼえてますか。そう、土下座をしていましたね。謝罪といえば土下座。誠意といえば土下座。日本人の心のふるさとといえば土下座。

でもあの当時、日本のテレビドラマ界が土下座ブームの真っただ中にあったことは、脚本家の倉本聰さんも、おそらくご存じなかったことでしょう。

一九九一年六月一四日号の『ザ・テレビジョン』に載った番組紹介記事見出しがこれ。「土下座までして愛を貫く栄作を襲う衝撃の結末！『もう誰も愛さない』」。

どうですか、この仰々しさ。栄作というのは、俳優の吉田栄作さんのことです。九二年四月にも、「愛する女のためなら土下座だって！『新宿サラ金物語』」という見出しがあるのですが、これも吉田栄作さん主演ドラマなので、土下座していたのは吉田さんだと思われます。

これを皮切りに、人気俳優がドラマでいつ土下座をするかを告知する記事がいくつも見られるようになります。「石田純一　屈辱の土下座姿！『ジェラシー』」。おお、トレンディ俳優の代表格である石田純一さんも土下座ですか。

他にも、うじきつよしさん、的場浩司さん、内田有紀さん、赤井英和さん、中居正広さん、そして九六年八月の佐野史郎さんまで、『ザ・テレビジョン』の記事見出しになったものだけでも、そうそうたるスターたちが土下座をしまくってます。的場さんなんていまや、黄門の手下として、土下座をさせるポジションにまで出世しました。

わざわざテレビ誌で取りあげるくらいですから、一番の見所だったわけです。当時のドラマファンは、お気に入りの俳優たちが土下座する姿を一目見ようと、わくわくしながらチャンネルを合わせていたんですね。

「今日飲み会なんだけど、裕子も来ない？」

「ごめーん、今日見たいドラマあるんだ。中居クンが土下座するの見逃せないから！」

九〇年代前半の日本のテレビドラマでは、土下座して誠意を見せることがトレンディだったようなのです。

＊

なぜこの時期突然、テレビドラマ界に土下座ブームが訪れたのでしょう。結論からいうと、わかりません。なぜ九六年にブームが去ったかは、うすうす見当がつきます。九六年三月に、薬害エイズ問題で、製薬会社のミドリ十字が記者会見を開き、社長らが土下座をしました。

過去に、水俣病問題でチッソの株主総会が大荒れしたときに、総会後の株主懇談会で社長が土下座させられたという例はありましたけど（朝日・読売一九七〇・一一・二八）、さすがに記者会見での土下座は、この時点ではほとんど前例がなかったはず。

そんなわけでこの土下座姿が連日テレビのニュースやワイドショー、新聞雑誌で報じられました。

ミドリ十字の社長がトレンディドラマから影響を受けて土下座したわけじゃないでしょうけど、こんな深刻なものを見せられたらもう、愛する女のために土下座！ なんて浮わついた気分のドラマは作れませんよね。土下座がトレンディだった時代はこうして幕を下ろしました。

ただねえ……なぜ九一年ごろから土下座ブームがはじまったかについては、ひとつ魅力的な仮説を見つけちゃったんですよ。ある有名政治家が関わってるんですけど、聞きたい？ 聞きたくなくてもしゃべるけど、森さんと謝罪会見増加の関係と同じくらい、因果関係を立証することは難しいので、飲み屋のオヤジのヨタ話程度に聞いといてくださいな。

九〇年五月、韓国の盧泰愚《ノテウ》大統領が訪日することになりました。その際、天皇陛下がどういうお言葉をかけるべきか、謝罪の文言を入れるかどうかで、政府・自民党内で議論が白熱。そうこうするうち、その議論の一部がマスコミに漏れたのです。

韓国に対する過去の植民地支配などについては、日本は反省してるから、すでに経済面などでじゅうぶん協力している。これ以上地べたにはいつくばって土下座する必要があるのか、と。で、この土下座発言に、例のごとくマスコミが食いついて騒ぎ立てた次第。

発言の主はだれだと追及したところ、当時自民党幹事長だった小沢一郎さんだったことがわかりました。

いやいやいや、まさかでしょ。小沢さんが土下座ブームの火付け役でしたか？　誤解のないようにいっておきますが、小沢さんは土下座するな、といってたんです。いまや、政府の外国に対する弱腰な態度を「土下座外交」と揶揄するのが一般的ですし、小沢さんも近年では、中国寄りの姿勢を右派から批判されがちですけど、このときは土下座を否定したことで叩かれてます。小沢さんの行く手には、つねに逆風が吹いているようです。

一連の土下座報道を目にした脚本家たちがこの件に影響されて、土下座かあ、そのキーワードいただきだな。来期のドラマで使おう、ってなったのか、ならなかったのか。

政治家の言動はテレビなどで繰り返し取りあげられる機会も多いので、影響を与えた可能性がないとはいいきれません。たとえば、事業仕分けをした蓮舫さんの言動が、テレビバラエティやコント、ＣＭにまで与えた影響はけっこうなものでしたよね。

騒動から四年後、九四年六月には、新生党代表幹事となっていた小沢さんが、古巣の自民党との感情的しこりについてテレビでこんな発言をしました。「土下座して謝れというなら謝ってもいい。三べん回ってワンといえというならワンといってもいい」(読売一九九四・六・一三)。土下座はともかく、三べん回ってワンといえ、なんて、昭和のマンガでしかお目にかかれない死語だと思ってましたけど、実際こんなセリフを口にした人がいたという事実に驚きです。

このときも結局、土下座はしていません。どうやら小沢さんは、土下座という言葉を漏らすのは好きですが、実際にやることはあまりお好きでないようです。

＊

ちなみにですけど、「土下座外交」という比喩が使われるようになったのは、一九七〇年代ごろのようです。

この件に関してはまだ詳しく調べてないんですが、私が確認できたもので一番古かったのは、『財界』一九七五年五月一日号の「ミニ舌評　北京へ〝土下座外交〟三木首相」という記事見出しです。

しかしこれに先駆けて一九六七年九月六日の読売新聞では、「土下座貿易」という言葉が紹介されています。当時文化大革命がはじまっていた中国では、貿易相手を選定する際に、毛沢東語録の内容をおぼえているかどうかなんてことで決めていたそうなんです。取引条件とはまったく無関係な政治思想的ゴマスリをしなきゃ契約を結べない状況を、日本の商社マンたちは、これじゃ土下座貿易だと嘆いてたそうです。おそらくこのあたりから、土下座外交という言葉に派生していったのではないかと。そのうちもうちょっと検証してみます。

＊

土下座外交という言葉が登場した一九七〇年代には、すでに土下座の価値は、かなり下落していました。このころから新聞紙面には、土下座がらみの安っぽい三面記事が散見されるようになります。

銀座を歩いていたOLが、若い男とすれ違いざま肩が軽く触れました。ごめんなさいと謝って立ち去ろうとしますが、男につかまり、土下座してあやまれと因縁つけられます。怖くなって土下座したOLを、男は一〇分間も殴り続けました。ただごとではないと気づいた周囲の人たちが取り押さえ、男は駆けつけた警官に逮捕されました。取り調べで男はこう供述しました。「腹が立って殴ってしまった。オレ、いつかはアメリカに行くんだ」（読売一九七〇・四・一八）。おまえの夢など、聞いてない。

東京・大田区で暴走族の若手メンバーがたむろしてるところに、酔った大学生二人が通りかかり、おめえらうるさくて近所迷惑なんだよ土下座してあやまれとどなりつけました。暴走族がおとなしく従ったので調子に乗った大学生は、リーダー呼んでこいと命じます。やってきたリーダー格の男三人は、その状況を見てキレました。てめえらだらしねえぞ、やっちまえ！

暴走族と大学生は乱闘になりましたが、全員二～一〇日間のケガですんだとのこと（読売一九七七・四・二三夕）。こいつら強いのか？　弱いのか？

岐阜県で、地元民への説明もなく工業団地の造成が始まったことで、住民は抗議のため県庁に乗りこみました。すると、なんと県知事が住民たちの前で土下座をしたのです。謝罪の言葉を期待した住民たちに、知事はこう断言しました。「でも計画はやめません」（朝日一九七二・四・一九）。知事の体は住民に土下座しつつも、その誠意は開発業者に向けられていたのでした。シルク・ドゥ・ソレイユを超える、アクロバティックなパフォーマンスです。

七〇年代、土下座はすでにチンピラの脅しの道具、政治家の無意味なパフォーマンスにまで成り下がっていました。そこにはもはや、誠意などかけらもなかったのです。

＊

吉田栄作さんがドラマで土下座したときからさかのぼること五年前、読売新聞八六年（昭和六一年）八月一六日付の読者投書欄では、お盆休みだというのに、なぜか季節とは無関係に、土下座の是非をめぐる特集が組まれ、六通の投書が掲載されています。

東京都の教員は、中高生のあいだで土下座が流行していることを憂えています。ケンカで負けると土下座して軍門に降《くだ》るとか、生徒のみならず、教師が生徒に土下座させたり、逆に教師が土下座させられたりといったことが学校現場で起こっているといいます。

現場の教師がいうのですから、そういう事実があったのはまちがいないでしょう。でもよほどの事件性がないかぎり、土下座したってだけで新聞ネタにはならないので、どの程度の流行だったのか、裏を取るのは困難です。

かろうじてひとつ、八四年の朝日にこんな記事がありました。群馬県の中学校の生活指導担当教師が、深夜泥酔して女生徒宅へ上がり込み、女生徒を庭に土下座させ、頭を蹴飛ばしたり、包丁で腹を切れと脅したりしたのです。

この教師は後日、生徒の喫煙を注意しただけだとして謝罪を拒否。夜でも緊急に指導をしなければならないことはある、あの子は急いで立ち直らせねばならなかったのだ、と釈明しました（朝日八四・一二・一〇）。

急いで指導する必要があったなら、泥酔する前に行けよ、って小学生にもつっこまれそうないいわけですよね。

＊

読売に寄せられた他の投書では、選挙の候補者が土下座してお願いする姿を批判する意見が多数を占めています。調べてみますと、この投書特集の前月、八六年七月には、衆参同時選挙があったばかりだったんですね。どうやらこの特集は、それを受けて組まれたものだったようです。

衆議院の総選挙だけでもおよそ三、四年に一度のペースでありますし、参議院や地方選挙まで入れたらもっと選挙の機会は増えます。地位も名誉も金も愛人もある、いい歳こいた候補者が、なりふりかまわず街頭で土下座して票を乞う光景は、数年に一度は見られる風物詩です。日ごろ、土下座と縁のない生活を送っている一般市民も、数年ごとの選挙のたびに、土下座という文化がまだ日本にあったのだと、再認識させられるのです。

選挙の候補者はいつから土下座をしていたのでしょうか。古くは昭和二年、栃木県の県議選に出馬したある候補が、演説会の開会が一五分遅れたことを土下座して聴衆にわびたという記事があります（朝日一九二七・九・二三）。翌年には京都の候補者が、演説会で聴衆から「大親分！」と喝采を受けたことに感極まり、土下座して礼を述べたと報じられてます（朝日一九二八・二・六）。

土下座の動機は現在とは異なりますが、昭和初期には、選挙の候補者が有権者に土下座する図式がはじまっていたことがわかります。ただ、少なくとも意味と理由のある土下座をしていたむかしに比べ、現在では無意味にカタチだけの土下座を繰り返してる候補者が目立ちます。土下座しながら「私を男にしてください！」と絶叫するに到っては、なにかのカミングアウトかなと思ってしまいます。

上辺だけのパフォーマンスでしかない土下座に不快感をおぼえる人が多いのは、特集に寄せられた投書からも明らかです。それでも懲りずにいまだにやってるってことは、効果があるんでしょうね。なんだかんだいっても、土下座姿に誠意を感じ、同情票を投じてしまう日本人は少なくないのです。

当選して議員バッジをつけてしまえば、選挙運動期間の屈辱なんか吹き飛ぶくらいにおいしい毎日が待っていると思えば、愚民どもに土下座するくらい屁でもないさ、って意気込みになりますよ。

今度選挙があるときには、土下座した候補としてない候補とで、当選率にどれだけちがいがあるかを検証していただきたいものです。選挙区内すべての候補の街頭演説に密着しないといけないので、個人での検証は不可能です。調査員を雇える資金力のあるマスコミのみなさんに、ぜひお願いしたいものです。

＊

さて、読売の特集ですが、寄せられた投書の七割が、土下座に否定的だったとのことです。するってぇと、肯定的な意見が三割もあったのかい、と驚かれるかもしれません。しかし私の見たところでは、土下座を擁護するかたの意見には、土下座文化そのものを誤解しているフシが多々あります。いえ、それどころかほとんどの日本人が、土下座とはなにかをまったくわかっていない、と断じても、決していいすぎではありません。

特集では肯定派の投書が二通紹介されています。いずれも六〇歳以上の男性です。おひとかたは、西洋では貴婦人を出迎えるときに、片膝ついて手の甲にキスをするといったおおげさな礼をする。日本の土下座もこれと同じようなおおげさな礼法なのだ、と主張しています。この解釈はピントがずれてるので、流しましょう。

もうおひとかたは、土下座は心からの畏敬の念を表現するための日本古来の美風である、といってます。ここまではまちがいではありません。問題はそのあと。終戦のとき、皇居二重橋前でひれ伏した人たちがいたのが土下座本来の最後の姿である。天皇が人間宣言をされ、すべての人が平等になったため、真の土下座の機会は失われてしまった——とおっしゃるのですが、ここに歴史文化認識の大きなまちがいがあるのです。

## 日本人が知らない土下座の歴史

明治維新の際、土下座は時代にあわない古いしきたりだから、もうしなくてもよい、ということになりました。ですからまだ公式に神とされていた明治天皇に対しても、庶民は土下座をする必要はなかったのです。仮に土下座しても罰せられることはないけど、立ったまま頭を下げる立礼が正式な礼法とされました。これは大正、昭和の時代になっても受け継がれてたはずなので、戦後の天皇の人間宣言によって土下座の機会が失われたというのは誤りです。明治維新ですでに失われていたのです。

明治天皇は日本各地を精力的にまわりました。そういうのを御巡幸、あるいは行幸というのですが、その際、沿道の通行者の作法としては、車馬から降りて、笠や帽子を脱ぎ、路傍で立礼を行う、とされていたことが宮内庁お墨つきの『明治天皇紀』の記述からもわかります。また、明治天皇の御大葬のときも、沿道で見送る一般市民は立礼をせよとのお達しが出ていました（朝日一九一二・九・一三）。

とはいうものの、政府のほうで土下座はするなと通達しても、天皇への畏敬の念をあらわすために土下座したい、という人は少なからずいました。

明治一三年、東多摩郡高井戸村（現在の東京都杉並区）を御巡幸の一行が通ることが決まると、村民たちは土下座をするためのムシロを沿道に敷く準備をはじめました。それを知った村の役人は、立礼するのが正しい礼法だから、ムシロはやめてくれとみんなを説得します。若い連中は納得しましたが、年寄りは、もったいないもったいない、となかなか同意してくれず役人も困ってしまいました（朝野新聞一八八〇・六・一二）。

明治三八年には、天皇のみならず、東郷大将が乗った汽車を見送るために線路脇で土下座している農民を描いたイラスト記事もあります（朝日一九〇五・一〇・二〇）。

天皇に対してもすべきでないとされていた土下座を天皇の臣下である軍人にするのは、

厳密にいえば天皇への不敬にあたる気がするのですが、どうなんでしょ。

でもまあ、それをいうなら、「土下座して謝れ！」と相手に要求する人のほうがもっと不敬です。自分に対して土下座せよと命じているということは、その人は庶民の分際で、自分は天皇よりエラい存在であると宣言してるも同然です。身の程をわきまえましょう。

ともあれ明治期までは、土下座というのは宗教儀式として行われるか、もしくは、高貴な人やかなり偉い人のみに向けられた、恭順や畏敬の念をあらわす礼法でした。庶民が謝罪のために軽々しくやったり、選挙の票集めのためにしたりといった安っぽいパフォーマンスではなかったことは、たしかです。

＊

現在では土下座を本来の用途である畏敬の目的で使うことは、まずありません。謝罪か懇願のためというのが圧倒的です。その最初の変化は、大正後期から昭和初期にかけて起こったようなのです。

最新版の国語辞典ではほとんどが、土下座の語義として、もともとは貴人が通る際にしていた礼だが、現在では謝罪や懇願の目的で使われる、みたいな感じの説明をしています。

しかし、昭和七年刊行の国語辞典『大言海』での土下座の項目をひきますと、「貴人通行の時など、地上に跪づきて礼する事」としか書いてないんです。ただし、実際に言葉の用法が変化していても、それが国語辞典に反映されるまでにはタイムラグがあるってことをお忘れなく。

明治・大正期の新聞には、土下座で謝罪という記事はほとんどありません。年号が昭和に変わるあたりから、謝罪や懇願目的で土下座をしたことを報じる記事がぐっと増えます。

たとえば、大正一五年、千駄ヶ谷の中野代議士邸の前で待ちかまえていた十数名の者が帰宅した議員を脅迫しました。しかし中野が一喝すると多くは逃げだし、四人が土下座してわびたという、なにが目的だったのかよくわからない事件（朝日一九二六・三・二七）。

昭和八年の読売に載った『通人不通人』という随筆（読売一九三三・二・二五、二六夕）。蘆江《ろこう》の署名があるので、筆者は作家の平山《ひらやま》蘆江でしょう。随筆でなくフィクションの可能性もありますが、用例として見るぶんにはどちらでもかまいません。

語り手の男（蘆江ということにしておきます）は、東京・日本橋の真ん中で、知り合いの男を見かけます。じつはその男、七、八年前に蘆江から一万円借りたまま、返さずにトンズラこいていたヤツだったのです。蘆江が男の前に立ちふさがり、おいおい、と声をかけると、

ハッというなり、大地にぺたりと坐りこみ、へへえッとばかり、両手をつき、額をペーブメントにこすりつけぬ。

お手本にしたいくらいの見事な土下座ぶりです。ペーブメントに額をこすりつけたってハイカラな描写がまた憎いじゃありませんか。

土下座して謝るのも当然なんですけどね。当時の一万円といえば、現在の価値にしたら二〇〇〇万円くらいです。もし闇金から二〇〇〇万借りたままトンズラしてつかまったら、土下座じゃ済みませんよ。さきほど、この随筆をフィクションかもしれないといったのは、私は蘆江という人について詳しくないので、そんな大金を貸せるほどの金持ちだったのか、確信が持てないからです。

往来の真ん中で男が土下座してるものだから、野次馬が集まってきます。そして、事情をなにも知らないくせに、無責任なことをいいだします。

わけは知らねえが大の男が土下座をしてあやまっているのに、頭ごなしから怒鳴りつけるなんざ、あんまりだぞ

ええーっ?! 逆に袋叩きにあいそうになった蘆江は、あわてて土下座して、頭を上げてくれとトンズラ男に頼むはめに。結局、いまここに一〇〇円あるから、と男が差し出した金を受け取り、あきらめることにしたという災難なお話。

このように、昭和初期には謝罪や懇願目的で土下座することが、庶民のあいだでもごく一般的になっていたのです。

それにしても、人から大金借りてトンズラしたのに、ほとぼりが冷めたのを見計らって東京のど真ん中を平気で歩けるような男です。疑う余地なく、根っからのろくでなしですよ。誠意のかけらすら持ち合わせていないはずなのに、事情を知らない世間の人たちは、土下座のしぐさだけで、誠意のあらわれと見てしまうんですねえ。こわいこわい。世の不条理を感じずにはいられません。

＊

時計の針をいったん戻し、江戸時代の土下座についてお話ししましょう。

さきほど私は、ほとんどの日本人は土下座のなんたるかをまったくわかっていない、と大見得切りました。じつは日本人が土下座するようになったのは江戸時代からだといったら、びっくりします？

現代人がいうところのいわゆる土下座の所作自体は、古代から神や貴人に対してされていました。でもそれは日常的にやるようなことではありませんでした。

土下座という言葉自体は、江戸時代よりむかしの文献には登場していないようなのです。日本国語大辞典でも、江戸時代末期の川柳『柳多留』の一句が、「土下座」が出てくる最古の用例とされています。

ん？　でも大名行列が通るとき、沿道の農民や町民は、土下座しなきゃいけなかったのでは？

はいはい、ごもっとも。でも江戸時代の人たちは、そういうときにする動作を土下座ではなく、「下座」といってたのです。

貴人が通るときに、低いところにおりてうずくまることを下座といいます。その中でも、地べたに下座することをとくに、土下座というのが本来の言葉の使いかた。ですから、選挙の候補者が演説台の上で膝と手をついて頭を下げていても、それは正確には下座です。地べたまで下りてやらねば、正式な土下座にはなりません。

じゃあ、建物の二階とか三〇階とかでやった場合はどうなるんでしょうね？　お城の天守閣で家来が床にはいつくばって殿様に頭を下げたら？　当時の正しい日本語では、おそらくそれは〝平伏〟と表現してたはずです。

弥次さん喜多さんでおなじみの『東海道中膝栗毛』でも、大名行列に出くわした二人が、「かけおちものは、下座をしねえでもいいと見える」といってます。しかしその「下座」でさえ、日本国語大辞典の最古の用例は室町時代の国語辞典『運歩《うんぽ》色葉《いろは》集《しゅう》』です。下座も土下座も、歴史的にはけっこう新しい言葉なんです。

いま日本人が土下座と呼んでる所作は、本来、平伏といわれてたものです。平伏までいかない、しゃがんだり片膝立てたりする所作を蹲踞《そんきょ》、あるいは、うずくまりなどといいました。

江戸時代の国学者、伊勢貞丈が書いた礼法書『習礼抄《しゅらいしょう》』にも、両手をつき頭を畳につけて御礼をするのを平伏の礼という、とあります。土下座とはいってません。

それが江戸末期あたりから、平伏や蹲踞、うずくまりといった所作をひっくるめて、下座と表現するようになってしまったらしいんですね。これが原因で、その後長きにわたって、下座や土下座のイメージが錯綜してしまうことになるのです。

＊

ところで、大名行列が通るときは下座（土下座）しなければいけない、という歴史知識にもまちがいがあります。最近では小中学校の歴史の授業でも、気のきいた先生は正しく教えるそうですが、実際に下座しなければならなかったのは、徳川家将軍と御三家、そして将軍家から嫁いだ娘が通る場合だけでした。それ以外の諸藩の大名行列が通ったとしても、道の脇によけるだけ、立ったままでよかったのです。

安藤優一郎さんによると、江戸には参勤交代で全国から大名が集まってきて、しょっちゅう登城するので、江戸の町は大名行列ラッシュだったそうです。いちいち全部に下座してたら、庶民は道を歩くことすらできません。

おもしろいのは、徳川家の娘の待遇ですね。お姫様はどこかの大名のところに嫁に行っても、下座させる権利を持ち続けていたんです。大名の行列には下座しなくてもいいのに、その嫁さんが行列に加わると、しなきゃなりません。エラいところから嫁さんもらうと、いろいろ大変です。

とまあ、ここまではわりと知られた事実ですが、実際の下座がどういうものだったか、そこまでは学校でも教えないでしょう。え？　どういうものもなにも、土下座のアクションはひとつしかないじゃん、水戸黄門でやってるやつだろ？

それがですね、どうも納得いかずに気になってたことがあったんです。『東海道中膝栗毛』で弥次喜多は大名行列に出くわして、下座しています。場所は川崎のあたり。将軍の行列とは考えにくいので、御三家の殿様だったのか？　そこはまあ、おいとくとしましょう。

不思議なのは、二人が大名行列の様子をいろいろと茶化していることです。槍を持った奴《やっこ》が尻っぱしょりをしているのを見て、いいケツしてんな、男娼みてえだ、とか、お道具が立ってるとか、シモネタばっかりこそこそいあって、二人で盛り上がってるんです。

もし、ドラマの水戸黄門みたいに、顔を地面に伏せる土下座をしてたら、行列の様子を見られるわけがありません。ヘンですよね。それはフィクションだから、とか、盗み見てたんだよ、なんて解釈では私は納得しませんよ。で、しつこく調べてみましたら、きちんとスジの通る理由があったのです。

＊

この謎を解いてくれたのは、『徳川盛世録』に収録された図版でした。紀伊家の大

名行列、総勢四〇〇人はいそうな長大な行列が城下を通る様子が、一四ページにもわたってこと細かく描かれています。

絵が小さくてわかりづらいのですが、沿道の人たちの様子をよく見てください。一部の武士や下っ端役人は平伏していますが、その他の町人はすべて、ウンコ座りをしています。上品な言葉でいえば、蹲踞です。他にも、将軍の姫君登城途中の図というのもありますけど、沿道の庶民は全員、ウンコ座りです。

これが江戸時代の土下座、下座の正しい姿でした。武士はそれぞれの位によって、平伏しなければいけない場合が決められていたようですが、庶民は平伏までしていません。庶民にとっての下座、土下座とは、単にしゃがむことだったのです。弥次喜多の二人も、ウンコ座りをしてただけなので、大名行列の様子を観察しながら軽口を叩けたってわけです。

江戸時代までの庶民は、なにかに熱心に祈りを捧げるとか、宗教儀式のようなことでもないかぎり、いわゆる土下座、平伏のしぐさをめったにしなかったのではないかと思われます。庶民が道で貴族に会う機会なんてのも、ほとんどなかったでしょうし。江戸時代の町民や農民が、武士や殿様に対してやたらと土下座をしていた、させられたという抑圧的なイメージは、大正から昭和初期にかけてたくさん出版された時代小説で作られたものだろうと、私は考えてます。

青空文庫に収録されている戦前の小説から〝土下座〟を検索すると、そのほとんどが昭和初期の時代小説であることがわかります。『大菩薩峠』や『丹下左膳』といった人気作で、頻繁に土下座のシーンが出てくるんです。

庶民同士が謝罪や懇願のために土下座をするようになったのも同じ時期というのは、偶然の符合とばかりはいえないでしょう。庶民文化の変化と大衆小説は、互いに影響を与えあっていたはずです。

＊

繰り返しになりますが、現在出ている国語辞典には、ほとんどが「土下座」の解釈として、古くは貴人に対して行う礼、現在では謝罪や懇願のための礼と書いてあります。

しかし、このどちらにもあてはまらない第三の用法が、明治大正のころまではあったんです。それは、「単に地べたに座る（しゃがむ）こと」です。

江戸時代末期に、地べたに蹲踞したりしゃがむ所作まで下座とひっくるめていうようになったせいで、土下座の概念はあいまいになってしまいました。その影響が明治時代まで続いていたとしても不思議ではありません。「単に地べたに座ること」という語義で土下座を解釈しないと、意味が通らない文章がいくつもあるんです。

たとえば朝日の明治三七年三月一三日付に載った「満州帰客遭難談」の一節。日露戦争開戦を受けて、満州から日本へ引きあげてきた邦人たちの体験談です。途中、ロシア軍の軍人たちに捕まって足止めされたときの様子がこちら。

一同はおよそ三時間程その停車場（奉天）構内で青天井の土下座に曝《さ》らされましたがその日は殊に北風が荒れて非常に寒く実に堪えられませんでした。

土下座をさせられた、のではなく、土下座に曝された、といってることに注意してくださいここでの土下座は、単に地べたに座る、というだけの意味しかないんです。一行の男たちの一部は、捕まった際にロシアの軍人から殴る蹴るの暴行を受けてますが、それをやめてくれと懇願するために平伏しているのではありません。謝罪でも懇願でもなく、足止めされて移動がままならない上に、露天の地べたに放置されてみじめな思いをしたということを伝えているにすぎません。もとよりロシアには土下座文化はないのですから、ロシア人が日本人に土下座しろ、などと命ずるはずもないんです。

もうひとつ、明治三九年の石川啄木『葬列』の一節から。

　今迄自分の立つて居る石橋に土下座して、懐《ふところ》中の赤児に乳を飲ませて居た筈の女乞食が、此時卒《にわ》かに立ち上つた。

差別用語が入ってますが、引用として必要な個所なのでそのままにしてあります。この土下座も、ただ単に橋の上で座りこんでいるというだけの用法です。平伏して地面に頭をこすりつけた体勢で、こどもに乳を飲ませることはできませんから。

さらに、和辻哲郎が大正一〇年に発表した、その名もズバリ『土下座』では、地べたにしゃがむだけの所作と平伏の、中間のような用法が見られます。

和辻が生まれ育った地域（現在の姫路市近辺）や、岡山県の一部では、葬儀が終わると、喪主が土下座して礼をしながら、会葬者が帰るのを見送る風習があったようです。

和辻と思われる〝彼〟は、祖父の葬儀の際、父親とともに土下座をしているのですが、前を通る会葬者たちの足を観察しています。

彼はうなだれたままその足に会釈しました。せいぜい見るのは腰から下ですが、それだけ見ていてもその足の持ち主がどんな顔をしてどんなお辞儀をして彼の前を通って行くかがわかるのです。

弥次喜多のときと同じ疑問です。額を地面すれすれまで近づけるタイプの土下座をしていたら、前を通る会葬者の腰から下など見えるはずがありません。平伏しながら会釈することも物理的に不可能です。

この場合の土下座は、地面に敷いたムシロの上に正座して軽く頭を下げている状態、あるいは、腕を伸ばしたまま両手を地面につけた状態、くらいに考えるのが妥当です。

額を地面に近づけなくても、地べたに正座していれば土下座と表現していたのです。

以上をふまえて、辞書編集者のみなさんにお願いします。今度国語辞典を改訂する際には、土下座の語義に第三の語義をつけ加えていただきたいのです。「明治大正期までは、単に地べたに座ることを指す場合も多かった」と。

いま、コンビニの前にウンコ座りでたむろしてるヤンキーたちも、明治時代だったら、土下座してる、と描写されていたはずです。通りかかった警官が、おいこら貴様ら、そんなとこに土下座してると通行のジャマだからどきなさい、なんてね。

＊

こうして明治以降、土下座から誠意や畏敬の念はじょじょに消えていき、昭和初期から戦後にかけて、土下座のカジュアル化は、なし崩しに進みます。

二〇〇五年には、『週刊大衆』の名物企画「土下座ナンパ」がはじまりました。他の雑誌でも「土下座でオッパイ見せて」などの土下座とエロのコラボ企画が好評を博します。一九七〇年代で地に落ちたかと思われましたが、二番底がありました。新世紀に突入しても、土下座のカジュアル化はとどまるところを知りません。

地に落ちた土下座の権威をV字回復させるには、どうすればいいのでしょうか。

というか、私はそもそも、日本人が土下座という動作で畏敬の念や誠意を表現しようとすること自体に、無理・矛盾があると考えてます。

日本人にとっての誠意とは、なんだかわかんないけど特別なものです。誠意が存在することをあらわす動作もまた、特別でなければなりません。日常的に行うのははばかられるようなしぐさでなければ、ありがたみがないのです。

てことは逆にいえば、土下座をスペシャルなものにするためには、日常生活ではなるべく土下座を連想させるしぐさをさせないよう、こどもの頃から教育するよりありません。

ところがこれがむずかしい。日本人はもともと、床や地べたに座ることを苦にしない文化の中で生きてきました。『日本常民生活絵引』に収録された鎌倉・室町時代の絵巻物にも、地べたに座って楽しそうに談話したり、坊さんの説法を聞いたりしている庶民の様子が描かれてます。

現代の若者も無意識のうちにこの伝統を受け継いでいて、地べた座りを苦にしていません。そうやって育った人間同士が地面にひざまずいて土下座したところで、スペシャル感が出ないのは当然です。

しかも、日本人はこどものころから家庭や学校で、床に両手をついた姿勢でぞうきん掛けすることまで教えこまれます。

以前、つぶれかけの飲食店の経営者を、飲食業界のカリスマ指導者がきびしく指導して再教育するテレビ番組がありました。その番組で指導員は、経営者がモップで店内の床掃除をしてたのを見て、それは手抜きだ、両手を使ってぞうきん掛けをしなければ客に誠意は伝わらない、と熱血指導していました。

その指導員がビルマ仏教の僧院を見学したら、憤死して極楽浄土へ旅立ってしまいかねません。生野善應さんの著書では、ビルマ仏教の僧院で、修行僧が畳んだボロ布を足で踏んづけて、立ったまま足で床のぞうきん掛けをする様子が報告されてます。これは決して手抜きではなく、正式な作法です。長年の伝統から生み出された、もっとも力が入れやすくてきれいに掃除できる合理的な方法とのことです。

結論。日本で土下座の権威を復権するためには、幼少時から地べたに座らせない。ぞうきん掛けを禁止する。この二つの教育を徹底するのが急務です。そうすれば一〇年、二〇年後には、地べたに手やひざ、お尻をつくことを不浄と考える日本人が増え、その屈辱をあえて行う土下座が、相手への最大限の礼を尽くす作法として復権することまちがいなし。

さあ、いますぐはじめましょう！　やーるなーら、いーましかねえ〜。

# 第二章　先生と呼ばないで

はげましのおたよりを出そう！

〇〇先生に、はげましのおたよりを出そう！――日本のマンガ雑誌の欄外に必ず書かれている、有名なフレーズです。

漫画家をなんのためらいもなく「先生」と呼び、芸術家と同列の敬意を表しているのは、世界的に見ても日本人くらいのものでしょう。その思想形成に一役買っているのが、このフレーズです。日本人は幼少期からマンガ雑誌を読むたびに、漫画家は先生と呼ぶべき存在なのであると、繰り返し脳裏に刷り込まれながら成長するのですから、当然の結果といえましょう。

それにしても、いったい、いつからこのフレーズは使われているのでしょうか。またしてもどうでもいい疑問が頭から離れなくなってしまった私は、少年マンガ誌の草分けである『週刊少年マガジン』と『週刊少年サンデー』を、創刊号から読んでみる決意を固めました。

国会図書館で閲覧請求してみます。ちなみに両誌とも創刊は一九五九年の三月。創刊時からの宿命のライバル。で、両誌とも置いてあるんですねぇ。さすがは天下の国会図書館。

係の人に、閲覧するなら別室にどうぞ、と案内されました。いやいや、お気づかいなく。私が日本でも数少ない戯作者《げさくしゃ》を名乗る文化人だからといって、VIP待遇をしていただいたりしては、もうしわけない……

ウソです。国会図書館では、傷みが激しい古い雑誌や本は、係員が目を光らせてる別室で読まなくてはならないのです。VIP待遇は私でなく、『マガジン』と『サンデー』の創刊号のほうなのでした。

そんな貴重なお宝を前にしながら、マンガそのものには目もくれず、欄外だけを見ていく作業を続けます。せっかく手塚先生や藤子先生の初期作品を読めるのにもったいないぞ、とマンガファンのお叱りの声が聞こえてきそうですが、私はマンガやアニメには、さほど思い入れがないんですよね。

マンガ喫茶にはたまに行くのですが、知人に勧められた作品を読んだり、マンガ喫茶のおすすめコーナーに置いてあるのをなんとなく読んだりとかする程度です。マンガ文化を貪欲に吸収する気など、さらさらありません。それなのに、私の本の表紙イラストは、いつも漫画家のかたに描いていただいてます。お世話になってます。週刊誌である『マガジン』と『サンデー』を創刊号から全冊見ていくのはあまりに非効率。そこで、一か月とばしでチェックしていき、見つかったらそのあいだを確認する戦法でいくことにしました。それでも、長期にわたる壮大な作業となるのは覚悟の上。さあ、みなさん、私にはげましのおたよりをください！

＊

私に見落としがなければ、『マガジン』の一九六〇年一月三一日号、髙野・伊藤両氏の作品の欄外に、「髙野（伊藤）先生に、はげましのおたよりを出そう。」と書かれているのが初出です。長期戦を覚悟したのに、予想外に早い時期、創刊から一年もたない号であっけなく見つかってしまいました。

以後、『マガジン』ではこのフレーズが定番となっていきます。『サンデー』のほうは六二年の一月あたりまで見ても出てこなかったので、マガジンを元祖と認定します。これ以前の『マガジン』、あるいは『サンデー』では、〇〇先生に感想を送ろう、手紙を出しましょう、といったソフトな表現で読者に応援を呼びかけてます。

でもそれでは、「先生にはげましのおたよりを出そう!」ってフレーズのインパクトにはおよぶべくもありません。これ考えた『マガジン』の編集者のセンスには脱帽です。

もらうほうの気持ちを考えてみてください。もちろんどんな感想でもありがたいとは思いますよ。だけどホンネでは、だれだって批判やダメ出しは受けたくないじゃない。

一九世紀ドイツの詩人ハイネが、手紙に書き残しています。率直なご意見やきびしい御批評をうかがいたい、と口ではいうけれど、内心では称賛の言葉だけを待っているのが芸術家の性《さが》なのだよ、と。

「感想を送ろう」だと、なかには批判的な感想を送ってしまう空気の読めないガキもいるかもしれません。しかし「はげましのおたより」を送ろうと勧めておけば、それは暗に、「ほめろ」という縛りになります。漫画家先生のやる気を削ぐような手紙は送るなよ、小僧ども、という編集部からの遠回しのメッセージなのです。

余談ですが、この当時はお便りの宛先が編集部ではありませんでした。漫画家の住所を、〝藤子不二雄先生のおところは、○○区○○町トキワ荘です〟なんて具合にズバリ公開しちゃってるのには驚きました。お便りは漫画家の自宅や仕事場に直接送れってことですね。プライバシーだの個人情報保護だのに過剰なまでに気をつかう現代からすると、隔世の感があります。なんともおおらかで開けっぴろげな時代でした。

**社長か先生か**

作家の吉行淳之介は、一九七四年のエッセイ『贋食物誌』で不満を漏らしています。キャバレーへ行くと、ある年齢に達していれば、「社長」か「先生」かのどちらかで呼ばれてしまう、と。

文士とキャバレーの組み合わせが、時代を感じさせます。四〇代くらいの日本人なら、きっとこどものころ、こう信じて疑わなかったはずです。男はみんなオトナになったらキャバレーに遊びに行くものなのだ、と。

キャバレーにかぎらず、吉行は先生と呼ばれるのがこそばゆかったようで、やめてくださいといちいち頼んでいたそうです。しかし、五〇歳近くなって考えを変えることにしました。

「先生」とは称号ではなく相手にとって安直な呼び方だと悟り、あきらめることにした。

「社長」と「先生」が安直に感じられるのは、敬称だけで相手を呼ぶことができてしまうからなんです。相手の作品や業績をまったく知らなくても、それどころか相手の名前すら知らなくても、「先生」と呼んでしまえばとりあえず相手の顔を立てられるお手軽さ、誠意のなさ。呼ばれたほうもそれが見抜けてしまうから、こいつ、オレの本を読んだこともないくせに、なにが先生だ、としらけてしまうんです。

とはいえ、「先生」と呼ばれないとへそを曲げるめんどくさい人は実在しますから、そこも斟酌《しんしゃく》してあげないといけません。とりあえず未知の相手を「先生」と呼んでおくのは、営業上の保険といえなくもありません。先生と呼ばないで、と相手に頼まれたら、あらためれば済むのですから。

＊

どちらかというと、「社長」のほうが、卑屈さがもろに出やすいので、使いこなしがむずかしい。百戦錬磨の営業マンかプロの太鼓持ちか宮尾すすむでないと、会ったばかりの赤の他人を、イヤミなく「社長！」とは呼べません。

それに最近は、企業の役職名も様変わりして、肩書きが社長ではない経営者も増えました。CEOだのCOOだのと、なんなんでしょうね、あの元素記号みたいな役職名は。あれってカッコイイのかなあ。英字三文字の略って、英語圏だと普通ですが、日本の企業でやたらと使われると、まだまだ違和感ありまくりです。外資系企業だと、「本日、CEOはKFCのTOB、COOはBBQのOJTの予定でございます」とか美人秘書がさらりといったりするのでしょうか。「よっ、社長！　待ってました！」なんてヨイショもそのうちできなくなってしまいそうです。昭和は遠くなりにけり、ですなあ、社長。ま、ま、もう一杯。おっとっとっと。

**先生といわれるほどの……**

世の中には、先生と呼ばれてふんぞり返るヤツもいれば、先生などと呼ばれたくないと反発する人もいます。日本人が「先生」と口にするとき、その心の中には、敬意と軽蔑、相反する二つの感情が同時に湧き起こるのです。

ところが内田樹さんは『先生はえらい』と題された本の中で断言しています。先生はエラいものなのだ、もしエラくないという人がいたら、それはまだエラい先生に出会ってないからだ、と。

ファンがたくさんいる人気者の大学教授に苦言を呈するのもおこがましいのですが……それって、かなり、しょうもないヘリクツですよね。宇宙人はすでに地球に来ている。それを信じない人は、まだ宇宙人に出会ってないだけだ、ってUFO研究家の主張と同次元です。UFO研究家が内田さんの本を読んでマネしたのか、はたまた、内田さんがUFO研究家の本をマネし……まさかね。

内田さんのみならず思想家や批評家の仕事には、この手の釈然としない主張がよく見られます。純粋に理屈としてだけ見ればまちがってはいないのだけど、現実的でない。証拠もなしにヘリクツこねるだけでは、現実の社会や人間をなにも説明したことにはなりませんよ。

自分の頭の良さを過信する思想家や批評家は、地味な捜査をめんどくさがり、華々しい推理だけで理論を構築したがる手抜き迷探偵です。具体的・客観的な証拠を集める過程をおろそかにしたぶんを、ご自分のちっぽけな経験と教養と推論で埋め合わせ、そそくさと抽象化してしまいます。その結果、人を煙に巻くだけの、もやっとした推理がはびこるんです。

文化史や社会史をやる人は、まず具体的事例やデータを集めるところから始めます。地道な捜査活動で集めた証拠をもとに真実に迫る、刑事のようなやりかたが理想とされます。あ、もちろんこちらのグループにも、強引な捜査と誤認逮捕が得意なあぶない刑事《デカ》はいますよ。けど、仮に結論がまちがってたとしても、その人が集めた証拠資料には利用価値が残ってます。

そんなわけで私は、思想家や批評家が語る社会文化論や人間論に感心したおぼえがありません。私が興味を持つのは具体的な研究成果であって、思想家の頭の中身や論理ゲームではないのです。

かといって、あえて彼らに議論を挑む気は、さらさらありません。思想家は、こんにゃくみたいに身をよじり、ぐにゃりぐにゃりと批判をかわす技に精通してるので、議論をしても腹が立つばかりで、なにも得るところがありませんから。

＊

エラい思想家先生の思考構造を明らかにして敵を増やすのはこれくらいにして、具体的でわかりやすい話に戻りましょう。

日本人が先生に対して、必ずしも尊敬の念を抱いていないことは、しばしば口にされるこんなフレーズからも明らかです。

先生といわれるほどの馬鹿でなし

おそらく、ほとんどの日本人がご存じの川柳――のはずですが、これほど世間に知れ渡った句でありながら、その作者や起源は謎に包まれています。こんなものを調べたところで文学研究者として名を残せないし、自分も先生といわれる（いわれたい）立場の学者としては、自分たちへのあてこすりの起源を調べる自虐趣味もないのでしょう。

なら仕方がない。エラくもないし先生でもない、しがらみフリーの私が調べるしかなさそうです。

数少ない資料をかき集めたところ、現在わかっているかぎりでは、この川柳が活字となっているのを確認できる最古の文献は、明治七年の『東京開化繁昌誌』（高見沢茂・著）のようです。この著者も引用をしてるだけであり、作者ではありません。

へえ。明治に入ってからなんですね。江戸後期の『浮世床』では、儒者気取りの人間を孔糞《こうふん》先生と馬鹿にしてますし、鈴木丹士郎さんによると、さらにさかのぼって宝暦一二年（一七六二）の『教訓差出口』に、近年は先生の大安売りだ、猫も杓子も街娼までも、先生先生といいくさる、と書かれているとのこと。

江戸中期からすでに先生の評判は地に落ちているのだから、「先生といわれるほどの」も、てっきり、もっと前から存在していた句だと思ってたんですけどね。江戸時代に編まれた代表的な川柳の句集といえば、『誹風柳多留《はいふうやなぎだる》』。明和二年から天保一一年、江戸後期から末期までの長期にわたって発行され、およそ一一万三六〇〇もの句が収録されているこのモンスター句集にも、「先生といわれるほどの馬鹿でなし」はありません。ニュアンスの近いものだと、

先生と呼んで灰ふき捨させる

なんてのがあります。先生、灰皿の灰捨ててきてよ、みたいな感じですか。先生、とヨイショしといて、雑用を命じる慇懃無礼。

この句がウケるのなら、「先生と……」もウケそうなものですが、『柳多留』以外の句集にも収録されていた様子はありません。

ということは、「先生と……」の句は、江戸末期から明治初期の作なのではないか。そう私はニランでます。

いずれにせよ、当時の川柳が、百数十年後の現在でも語り継がれているというのは、

ただごとではありません。そのときどきの世相を諷刺するのが川柳ですから、流行語と同じで、時がたてばほとんどが忘れられる運命にあります。それがいまでも生き残っている事実が、日本人が百年以上も「先生」に対して敬意と軽蔑、両方の感情を抱き続けてきたという証拠です。

＊

いまさら基本的な質問で恐縮ですが、江戸時代、町の寺子屋で読み書きを教えていた人をなんと呼んだでしょう。先生に決まってるだろ？ それがどうもそうじゃないんです。

式亭三馬の滑稽本、『浮世床』や『浮世風呂』では、俳諧師（エンターテインメント性の強い俳句を詠む人）だとか、偉そうな講釈をたれるけど世の中の役にはちっとも立ってない儒学者が、先生、先生さんと呼ばれてます。医者も登場するのですが、会話中では先生とは呼ばれてません。

寺子屋で読み書きを教えていた人は、先生ではありません。「師匠」だったんです。江戸っ子はなぜか寺子屋という言葉を好まず、読み書き計算の勉強を「手習い」と呼びました。『浮世風呂』に出てくるこどもたちは、手習いの師匠のことを「お師匠さん」「お師さん」と呼んでます。だれひとりとして「先生」とは呼んでません。『柳多留』に収録された句を見ても、「先生」ではじまるのが七句なのに対して、「師匠（様）」ではじまるのが二五句と圧倒していますし、手習いが題材の句にかぎれば、すべて師匠が使われてます。

師匠様風《かぜ》を引いたとうれしがり

師匠がカゼをひいたから、今日は手習いが休みだ、やったぜ遊べる！　とこどもが喜んでいる様子です。

大正時代、全国のお年寄りを対象に、寺子屋の実態についてのアンケート調査が行われました。当時の年寄りは、こども時代に寺子屋に通った最後の世代だったので、当事者に話を聞ける最後のチャンスだったのです。このときの調査票の質問も、寺子屋の師匠はどんな人でしたか、どんなことを教えてましたか、となってます。

明治時代に入って早々に、政府は教育制度の大改革を断行します。全国の寺子屋は一斉に廃業、もしくは政府の指導のもとに小学校へと移行しました。

江戸時代から、寺子屋の師匠を先生と呼ぶことも、地域によってはあったのかもしれません。けど、学校でものを教える人のことを先生と呼ぶのが全国的に定着したのは、明治時代になってからのことだったのです。

明治後期に出版された小説、島崎藤村『破戒』や夏目漱石『坊っちゃん』では、学校の教師はあたりまえのように「先生」と呼ばれています。『坊っちゃん』では、中学の新人教師となった坊っちゃんが、

先生と呼ぶのと、呼ばれるのは雲泥の差だ。何だか足の裏がむずむずする。

と独白しています。坊っちゃんも、先生と呼ばれることを素直に喜べないタイプの人のようです。先生と呼ばれてふんぞり返っている連中に対する、反発や軽蔑の気持ちがあったから、自分が先生となったことがしっくりこないんです。

## 欧米と中国の先生

欧米では、基本的に学校の先生は、ミスター○○、ミセス○○、ミス○○のように呼ばれます。もちろんミスターとかは英語圏の例で、他の国ならシニョールだのムッシュだのになります。

大学の先生は人それぞれで、プロフェッサー○○と呼ばせる厳格な人もいれば、学生に対しても、ぼくのことはファーストネームで呼んでくれよ、みたいな気さくな教授もいます。

日本人は海外に留学しても、恩師をファーストネームで呼び捨てって習慣にだけは、なかなか馴染めないようです。日本人の感覚だと、そんななれなれしいことが普通にできるのは、相当チャラいヤツですから、無理もありません。

*

「先生」のルーツといったら、やはり中国です。「先生」はもともと中国から輸入された言葉なんですから、中国の「先生」事情を無視するわけにはいきません。さっそく私は中国へ飛ん——でません。テレビだとそういうのが、いともたやすくできちゃうんだよなあ、いいよなあ池上彰さんは。

スポンサーもコネも所属事務所もない私は、調査にそんなお金はかけられません。しょうがないから、中国のかたが書いた日本語の論文類を参考にまとめてみます。

現代中国語では、「先生」は英語の「ミスター」とほぼ同じ、男性への敬称なんです。だから「先生」は男性専用。女性への敬称は「女士」になります。ちなみに医者は「大夫」と呼ばれますが、劉柏林さんによると、漢方医だけは「先生」と呼ぶことがあるそうです。

ん？　先生がミスターってことは、日本語の「さん」だよな。だったら、中国の病院の待合室では、男性患者は「○○先生」と呼ばれるのだろうか？　なんてややこしいことを考えてしまうあなた。残念ながら、それはないみたいです。そういうときは名前を呼び捨てにされるんです。中国では呼び捨てが失礼という意識はないのだそうです。日本はいまや、患者様とたてまつる時代ですけどね。

学校などの教師や講師は先生ではなく、「老師」（本当は師の字が異なるのですが、ここでは日本の漢字で代用しています）です。

日本語のイメージで老師といったら、白い髭の生えた仙人みたいなジジイを連想しがちですが、中国では老若男女を問わず使えます。日本のAV女優蒼井そらさんは、なぜか中国の男性諸氏の間でも大変な人気者で、中国のファンからは「老師」と呼ばれてるそうです。彼らにとっては、性を教えてくれる先生なのです。世界中の男たちはみな、エラい先生より、エロい先生にあこがれるのです。

盧万才さんによると「老師」は教師の意味に限定されてるわけじゃなく、知識人層全般に使える敬称とのこと。その点、日本語の「先生」と似ているように思えますが、まったく異なる用法もあります。

中国の大学では、一般職員も先生と呼ばれるのだそうです。日本の大学に留学中の中国人学生は、母国の感覚でつい、事務職員を「先生」と呼んでしまい困惑されることがあるといいます。そりゃあ日本の事務職員が先生と呼ばれたら、オレなんかをヨイショしてなにを企んでるんだ？ と警戒しますよね。

やっぱり中国でも、「先生」はややこしい。

## 師と士と官

近所の行きつけの美容室で——といっても私が行くのはカット一〇〇〇円の格安店ですけど、そこの店長さんに聞いてみました。

「おばちゃんがパーマあてに行くような昔ながらの日本の美容室では、美容師がお客からも先生って呼ばれてたりしますよね。でも、床屋さんは先生って呼ばれない。業界的には、美容師のほうが格が上ってことなんですか？」

「格はわからないけど、床屋の主人は先生じゃなくて、マスターって呼ばれることが多いですね」

「あ、それは知らなかった」

「なんとか師（士）とつく職業の人を先生と呼ぶ、って聞いたことがありますよ」

「でも、床屋さんだって理容師でしょ」

「……そうですね」

そう、師、士を先生と呼ぶという説は例外が多すぎて、法則として成立させるのは危うい感じがします。

詐欺師を先生とは呼びません。『男はつらいよ』の寅さんは香具師《やし》ですが、こちらも先生ってガラじゃない。手品師、漫才師、曲芸師。敬称で呼ぶとしたら、どれも先生でなく師匠です。

医師はスタッフからも患者からも、先生と呼ばれます。けど、看護師や薬剤師はどうですか。同じ「師」のはずなのに、なぜか先生と呼ばれません（調剤薬局では薬剤師が先生と呼ばれることもあります）。医師のほうがエラいから？　その法則にもまた、例外があります。

弁護士は先生と呼ばれるのに、裁判官や検察官は先生とは呼ばれませんよね。「士」がつかないからでしょうか。だけど法廷では、弁護士より裁判官のほうが地位が上ですよね。裁判を取り仕切ってるのですから。看護師より医師がエラいから先生と呼ぶのなら、弁護士でなく裁判官を先生と呼ぶべきではありませんか？

消防士と弁護士。同じ士なのに、世間の人たちが接する態度には、ずいぶんと差があります。「先生、お忙しいところ大変お手数ではございますが、消火のほうを、ひとつよろしくお願いします」なんて一一九番に電話する人はいません。

警察官も先生とは呼ばれません。ところが同じ「官」なのに先生と呼ばれる人たちがいます。刑務所で囚人を監督する刑務官です。囚人は、なにか用があって刑務官の注意をひきたいとき、「先生!」と呼ぶのだそうです。


「先生!　大変ですっ。」

「先生!　新入であります。」

（見沢知廉『囚人狂時代』）


「おれ先生に報告しといたんだ」

「え!　そんなことまでいちいち担当《せんせい》に言うの?」

（花輪和一『刑務所の中』）

「毎回あれでは先生（刑務官）もたまらんだろうよ」（金原龍一『31年ぶりにムショを出た』）

囚人は刑務官を先生と呼べ、と強要する規則はないようですが、多くの獄中体験記で書かれているところをみると、習慣として、刑務官が先生と呼ばれているのは、まちがいありません。同じ公務員なのに、警察官や消防士よりも刑務官はエラいんですね。

**議員はキングオブ先生**

はたして先生はエラいのかエラくないのか、先生と呼ばれることは名誉なのか侮辱なのか。日本国に棲息するさまざまな先生の生態とともに検討してまいりましたが、やはりシメは、この先生がたにご登場いただきましょう。もっともやり玉にあげられる機会が多い、キングオブ先生といえば、もちろん、議員先生のみなさんです。

あの人たちの行動は、ホント、理解に苦しみます。頼みもしないのに選挙のたびに自分から、やりたいやりたい、やらせてくださいと平身低頭すがりついてくるんです。そこまでいうなら、じゃあやってみたまえ、と選んであげると、議員になった途端、なぜかこっちが、彼らを先生と呼ばねばならなくなります。

どこの世界に、採用してやった側の社長が、新入社員を先生と呼んでる会社がありますか？　ほら、そう考えれば、採用してやった側である市民が、採用された立場の議員を先生と呼ぶことが、いかに常識はずれであるか、おわかりいただけますね。

＊

そんな私と同意見をお持ちのかたは少なくないようです。朝日新聞の読者投書欄「声」には、政治家や議員を先生と呼ぶのをやめよう、という提案が、数年に一度くらいの間隔で定期的に登場します。八〇年代後半から二〇一〇年一一月までの記事を検索してヒットしたものだけでも、八九、九一、九三、〇一、〇七、〇九年に見られます。

ところが読売新聞の投書欄「気流」に同じ期間内で採用された同趣旨の投書は、九一年と〇二年の二回だけ。新聞によって、ずいぶんと差があるもんです。

などと話をいたしますと、評論家を名乗る人たちは、すぐにしたり顔でご高説を唱えかねません。「新聞に載る読者の投書は、新聞社の方針や記者の好みで選ばれてて、世論を操作しているのだよ」。

いよっ！　さすが評論家の先生！　われわれ凡人とは発想からして違うでゲスなあ。なんです？　新聞記者が投書欄で世論を操作できる？　いやあ、そんなにラクな世界征服の方法があっただなんて、目からウロコです。いま世界中で国家転覆を企んでいるみなさんに朗報です。軍事クーデターや自爆テロなんて危険で古臭い手法はやめて、みんなで朝日新聞社の入社試験を受けましょう。

＊

朝日の投書欄には、ちょっとエキセントリックな意見を好んで取りあげたがる伝統があります。とりわけ昭和三〇年代あたりが顕著で、たとえば、東北地方で行われているナマハゲという風習は、人の家にずかずか上がり込んで野蛮だからやめるべきだ、と憤慨する大分県の主婦の投書。名古屋に住んで一〇年になるが、名古屋弁は泥臭くて品が悪いから標準語にしようと提案する国鉄職員の投書。

投稿するほうもするほうですが、採用しちゃうほうも豪気です。昭和三〇年代の文化って、振り切れてるところがあるのが素敵。いまこんな投書載せたら、地方文化への侮辱だ、と県の観光課や文化振興課みたいなとこから抗議が殺到しそうです。

投書欄に世論を操作できるほどの力があるなら、なぜナマハゲはいまだに行われているのですかね、評論家先生？　名古屋の人は、いまだにみゃあみゃあいってるじゃないですか（↑偏見）。

戦前のように、マスメディアが新聞とラジオしかなかった時代ならともかく、現代の新聞の投書や社説に世論を変える力があるとは、到底思えません。いまや全国紙の朝日新聞でも、地方に行けばシェアはせいぜい一割程度。そのうちで、投書欄をかかさず読むのは何パーセントの読者ですか。さらにその中で、投書を読んで意見をころりと変える人は何パーセントいるのか……と考えていけば、投書欄の影響力など微々たるものであることは明らかです。

社説なんて、投書欄よりもさらに物好きな人間しか読んでません。日本のマスコミは、『ニューヨークタイムズ』や『ワシントンポスト』の社説に日本批判が載ると、ビビってニュースで取りあげるのですが、そんなもん、アメリカ人だってほとんど読んでませんよ。『沖縄タイムス』の社説にアメリカ政府批判が載ったたって、アメリカのマスコミはいちいち問題にしないでしょ？　欧米人からどう見られてるかをやたらと気にする日本人のコンプレックスは、戦後六〇年たっても抜けないんですね。

人間が選んでる以上、投書の採否が編集者の好みで左右されるのはあたりまえです。新聞雑誌テレビラジオ、メディアはすべてそれやってます。ネットだって、ブログのコメントは管理者が認めたものしか公開しないのが普通です。それを全部世論操作だと難じられたら、ええ、そうですけど、いけませんか、としか答えようがありません。操作も選別もされてない世論がピュアで美しいとでもお思いですか。ネットの掲示板を見れば、無選別の世論がいかにアホで俗悪で不愉快な意見をたくさん含んでいるかは、一目瞭然です。新聞の投書欄もそうなってほしいとでも？

朝日には朝日の、読売には読売のカラーが投書欄にもあっていいじゃないですか。それがあるから、おもしろいんだし、むしろそうあるべきです。

＊

議員を先生と呼ぶのをやめようという運動は、当の議員や地方公共団体、地方議会の側からも、たびたび起こっています。当選後の会見でも、市民との一体感を大事にしたいから自分を先生と呼ばないでほしい、みたいなコメントをいう議員はけっこういます。議員だけを悪者扱いするのは不公平ですから、そういった事実もきちんと押さえておきましょう。

八〇年代末ぐらいから、大阪市議会、大阪川西市議会、兵庫尼崎市役所、千葉我孫子市役所、千葉松戸市議会、東京葛飾区議会、栃木小山市など全国各地で、議員を先生と呼ぶのをやめよう、という運動が提唱されるようになりました。

ところが、この一連の事実を記事にしてるのも、投書欄と同様、もっぱら朝日新聞だけなんです。読売はといいますと、じつは一九七六年、ロッキード事件で日本中に政治不信が広まった際には、政治家を先生と呼ぶべきでないとする趣旨の投書や記事を、朝日よりも熱心に載せていたんです。しかし、その後はなぜか口が重くなり、ぱったりと報じなくなってしまいました。社内の編集方針になにか変更があったのでしょうか。読売新聞社は、全社一丸となって、議員を先生と呼ぶことにする、と上層部が決定したとか？　ナベツネさん、どうなんですか真相は！

＊

NHKで国会中継をご覧になったことがあるかたならご存じでしょう。国会議員は議場内では「〇〇君」と呼ばれるのが公式なルールとなっています。先生と呼び合うのは、議場以外での慣習なんです。

議員を先生と呼ぶのをやめようという声を最初にあげたのがだれだったのかは、定かではありません。とりあえず、記事として取りあげられているものとしては、一九七一年、第二院クラブ所属の参議院議員だった青島幸男さんが提案したというのがかなり古いものですが、それが最初だとはいえません。七八年には新自由クラブが、他党の議員を呼ぶときはともかく、党内では互いを「さん」と呼ぼうと申し合わせたり、八九年には社会党の土井たか子さんも提唱しています。

こう並べると、賛同の輪が広がっているかのような印象を受けますが、これは決していい兆候ではありません。何十年にもわたって提唱され続けているという事実こそが、逆に、議員を先生と呼ばない運動がなかなか根づかないことを示しているのです。

読売の数少ない記事から珍事件をご紹介（一九八七・一二・一六）。現参議院議員の西岡武夫さんは、昭和三八年、衆議院議員に初当選した際に、自分を先生と呼ばないでほしいと宣言しました（青島さんの提案よりもずっと前からこの手の運動があったことになりますね）。以来、地元の支援者やスタッフのあいだでは西岡代議士と呼ぶことが定着。しかし思いもしなかった波乱が襲います。昭和五八年の総選挙で落選してしまうのです。

困ったのはスタッフでした。落選したら、もう代議士とは呼べません。「元代議士」じゃイヤミだし、いまさら「さん」でもないよなあ……ということで、結局落選してから周囲の人に「先生」と呼ばれるようになってしまったという悲喜劇。

＊

どうも旗色が悪い。「ほれ見なさい。議員を先生と呼ぶのは、むかしから自然で礼にかなってたのだから、いまさら変えるほうが失礼なのだ」と勝ち誇る連中のニヤケ顔が目に浮かびます。そんなにお偉いさんにへこへこしたいか、長い物には巻かれたガールズ&ボーイズめ。くやしいですね。なにか起死回生の一発ネタはないものか……

ありました。九〇年一月九日付、朝日新聞大阪版夕刊に載った衝撃的な記事が。議員を先生と呼ぶようになったのは戦後のことだ、とする説があるんです！

松尾尊兊《たかよし》さんは、戦前の国会議員の社会的地位は、軍人や官僚よりはるかに低いものだったから、先生と呼ばれてなかったとしても不思議でない、とコメント。

昭和一六年から四〇年まで参議院で働き、事務総長にまでなった河野義克さんは、戦前の貴族院時代には、先生などとは呼ばず、〇〇子爵といった爵位や、〇〇議員、

○○君と、職員も議員同士も呼んでいた、と貴重な現場の証言を聞かせてくれます。

＊

この件に関して、私もいろいろ文献を調べ、裏を取ってみました。結論からいいますと、戦前にも議員を先生と呼ぶ人はいたようです。とはいうものの、それはおもに議員に近い取り巻き連中のあいだでの習慣であり、一般の人たちにまでは、まだ広まっていなかった――。そんなところが実情だろうと思います。

ネットの青空文庫などで公開されている戦前の小説類から検索したところでは、大正時代の作品を中心に、会話や地の文で議員を先生と呼んでいる例がいくつかありました。いくつかなんです。議員や代議士が登場するテキストが三〇〇本くらいある中で、先生と呼んでる用例はわずかしかないのですから、まだ一般的な用法にはなっていなかったと見てもいいのでは。

たとえば、南部修太郎の『女盗』。汽車の中での代議士と取り巻きの会話です。

「また先生のご出馬を……」

「いや。――はっはっはっは……」

同時期の作品、甲賀三郎『真珠塔の秘密』では、花野代議士の家に住み込んでいる書生たちが花野を「先生」と呼んでいます。それ以外の人は先生とは呼ばず、「花野さんに御目にかかりたい」などといってます。議員に近い人間だけが、先生と呼んでるのです。

＊

一方で、議員を先生とは呼ばなかったことがはっきりとわかる例が、こちら。読売新聞明治四四年一一月一七日の記事です。浅草の講釈師、伊藤痴遊（本名・仁太郎）が府会議員に当選して以来ひどくエラぶってやがる、とその俗物ぶりを報じる、現在なら新聞よりも週刊誌にありがちなゴシップネタ。

図書館での催事で、なにか一席講釈をやっていただけないかと乞われると、我輩は議員だから余興などしない、と仁太郎さん、ご立腹。そこで係員が、「講演者　府会議員伊藤仁太郎君」と書いて貼り出すのはいかがでしょうと取りなすと破顔一笑、やる気になって講釈料もタダでいいと機嫌を直したとのこと。

これ、いまだったら絶対、「伊藤仁太郎先生」と書かなきゃいけないところです。

なのに俗物根性丸出しの男が「君」で大喜びしているところをみると、明治の末ごろにはまだ、議員を先生と呼ぶ習慣が定着していなかったのです。

＊

大正期の作品をいろいろ見ていくと、ある傾向がうかがえます。明治時代になって、貧乏書生が社会的地位の高い人の家に下宿・居候するケースが増えたのですが、どうも明治末から大正にかけて、住み込みの書生たちが、その家の主人を「先生」と呼ぶ習慣ができたようなんです。永井荷風の『狐』では、官吏（いまでいう国家公務員）である家の主人に対し、居候の書生が「先生、何の御用で御在ます」と話しかけてます。

戸坂潤の『思想と風俗』（一九三六）はかなり辛辣です。中身のない連中が「先生」という身分と威厳を利用して支配力を高めていると批判。その例として、弁護士・医者・代議士・売卜者（占い師）をあげているところをみると、太平洋戦争直前には「先生」はだいぶ勢力を拡大していたようです。

外山滋比古さんによると、戦後の一時期、お寺のおかみさんたちのあいだで、自分の夫である和尚さんを「先生」と呼ぶのが流行ったことがあったそうです。

九一年一一月の朝日の投書では、東京の八三歳の美容家が、戦前は、特別尊敬する大先輩はべつとして、美容師をやたらと先生と呼ぶ習慣はなかったと証言しています。やはり「先生」が粗製濫造され、先生バブルが起こったのは、第二次大戦後のことだったといえそうです。

＊

江戸時代にはおもに学者や芸術家だけを先生と呼んでいました。先生は庶民から遠い存在であり、だからこそ、卑俗な輩が先生を気取ってる様はニセモノ感たっぷりで、嘲笑の対象となったのです。

それが明治になって学校の教師をすべて先生と呼ぶようになり、先生はだんだんと身近な存在へと変わり、先生のプレミア感は薄れていきます。明治末から大正のころになると、教師だけでなく、自分が世話になっている人までも気安く先生と呼ぶようになってきたようです。

そうやって取り巻きたちが「先生」の呼び名を使いだし、戦後、一般の人たちのあいだにまで普及する。そして、医者も議員も弁護士も、みんな先生になった――。私が調べて得た実感をまとめると、こんな感じです。

*

日本の、とりわけ地方議員の待遇・報酬・年金は、世界的にもとび抜けて高水準なんです。欧米では、地方議会の議員は、普通の市民が仕事の片手間にやってるのが普通です。会社帰りに出席できるよう、議会を平日の夜に開くところもあります。報酬もアルバイト程度の金額か、財政がきびしいところなら、無報酬や交通費だけなんてのも珍しくはありません。

日本の地方議員さんは、毎年公費で海外に視察旅行に出かけ、海外事情に精通しているのですから、こんなことくらい、とっくにご存じのはずですね。知らないというなら勉強不足もはなはだしいし、あえて知らんぷりしてるなら、市民への背任行為です。

海外の地方議員は、本職の仕事が忙しいにもかかわらず、地域に奉仕する義務感から、安い報酬で議員の仕事も引き受けているんです。こういう行為こそが、本当の意味で「エラい」ことなんです。

対して、日本で広く受け入れられてる考えかたは、こう。議員は先生、先生はエラい、エラい人はギャラも高い。だから議員は報酬をたくさんもらえて当然だ。なにかエラいことをしてる人がエラいのではなく、エラい地位にいる人がエラい。それが日本独自の考えかた。

これもまた、議員を先生と呼んで奉ることの弊害です。ま、日本のみなさんが今後も高い市県民税を払ってまで議員に貢ぎたいとおっしゃるなら、私としても、その愛のカタチを認めざるをえません。

しかし、みなさん聞いてください。もしも私が、日本の地方議会の議員になったなら。きびしい赤字財政の中、わたくしと家族を高額の議員報酬でセレブにしていただいたうえに、公費で海外視察旅行まで行かせていただけるのも、ひとえに、市民の先生がたのおかげでございます、と礼を尽くします。

自分を先生と呼ばないで、からさらに一歩進んで、逆に有権者のみなさんを「先生」と呼ぶ、史上初の議員になることをお約束いたします。

さあ、私にぜひ議員になってもらいたいとお考えの地方自治体がありましたら、住民票を移す用意はできてますので、ご一報ください。え？　またまた、そんな。年俸は二〇〇〇万円もいただければ、じゅうぶんですから、お気づかいなく。

第三章

# 全裸のゆくえ

幼いこどもは、風呂上がりに服を着せられるのを嫌がって、裸のまままきゃっきゃと楽しそうに走り回ったりするものです。なんとも微笑ましい光景です。

何歳くらいから微笑ましくなくなるのでしょうか。ひさしぶりに実家に帰省した三〇歳の息子が、風呂上がりに全裸で楽しそうに家の中を走り回ったとしても、微笑ましさはゼロです。まあ、違う意味で笑えますけど、仕事のストレスだろうかと親は心配するかもしれません。

では、風呂上がりに裸で走り回る幼子を、三〇歳の父親が、全裸で待てぇ～と追いかけるシチュエーションならいかがでしょうか。自宅でやるぶんには微笑ましいですね。けど、いつもやってクセになってしまうと、たまたまお客さんが家に来ているのをうっかり忘れて、リビングに全裸で乱入、なんて失態を演じかねません。

心理学者のこむずかしい説明を聞くまでもなく、全裸が開放感を伴うものだということは、幼いこどもでも本能的にわかっています。そう、全裸は楽しい。全裸は愉快。全裸はバカで滑稽で、ときにペーソスさえ感じさせます。

＊

〝全裸〟というキーワードで新聞記事を検索してみましょう。さぞかし愉快な記事が読めるはず……との期待は裏切られました。なげかわしいことに、ほとんどが、ポルノ摘発と、それを上回る量の〝全裸死体〟がらみの犯罪記事なんです。全裸死体発見、もしくはその事件の容疑者逮捕なんて陰惨な記事ばかり。

全裸になると人は死にやすいのだろうか？　などという因果関係が一瞬、頭をよぎりがちですが、そうではありません。遺体が発見されても身元がすぐばれないよう、殺人犯が被害者の服を脱がせて遺体と別に処分するケースが一般的です。全裸になってから殺されるのではなく、殺されてから全裸にされるわけでして——え？　説明されなくてもわかってる？

＊

日本のメディアでは二〇〇六年ごろから、〝裸族〟を自称する人が増えたと報じられるようになりました。といっても民俗学・人類学の研究対象となるホンモノの裸族とは異なります。彼らのモットーは「家では裸族」。つまり、自宅でのみ、もっぱら全裸で生活することを習慣にしている人たちのことなんです。なんちゃって裸族、インドア裸族、アットホーム裸族とでも申しましょうか。

ホンモノとニセモノの裸族を見分けたいのなら、勇気を出してあそこを触り、硬さを確かめてみましょう。和田正平さんの『裸体人類学』によると、森やサバンナで暮らすホンモノの裸族は、足の裏が硬く角質化しています。岩だらけの荒れた地面でも裸足で平気で歩けてこそ、一人前の裸族です。足の裏を見てふにゃふにゃだったら、そいつは半端なエセ裸族と思ってまちがいありません。

自称裸族の人たちは口を揃えて、裸ですごすのは健康にいいと主張します。これもニセモノならではの論理です。ホンモノの裸族にとっては、裸でいることがあたりまえなので理論武装する必要などまったくありません。裸がタブーとされる文明社会に暮らしているから、なにかもっともらしい理屈をひねり出して自分の行動を正当化せずにはいられないのです。理由がないと安心できない。理由があればすぐに納得する。なんにでも理由を求めるのが、文明人の病。

気持ちいいから全裸ですごす。全裸が好きだから全裸でいる。それでじゅうぶんなはずなのに、理由づけをしてしまう。そういうときにとても使い勝手がいいキーワードが「健康」。健康にいいから、といいわけすれば、全裸・飲尿・調教など、たいていの奇癖は黙認されます。

しかし、彼らのいいぶんが本当に医学的な根拠にもとづいているかどうかは、はなはだ疑問です。『女性自身』二〇〇九年九月一五日号の記事は、現在流行中の全裸健康法の元祖を女優の石井苗子さんだとしていますが、記事を読むかぎりでは、全裸が健康にいいというのは、石井さん個人の感想でしかありません。

みなさん、うすうす気づいているでしょうけど、全裸健康法はいまに始まった流行ではありません。一九一五年（大正四）一月一一日の朝日新聞を読んでみましょう。信州に住む三〇歳の男、自称「裸仙人」は、裸ですごすのが健康にいいと、数年来全国各地をまわって伝授してきたとのことです。前日の一〇日も、名古屋港で寒中水泳ののち、裸のまま健康法の講演会を行う予定でした。大正時代だって公共の場での全裸は御《ご》法度《はっと》でしたから、裸といってもさすがに全裸ではなくふんどしくらいは締めていたのでしょう。

ところが裸仙人、水泳中に心臓マヒを起こし、気を失ってしまいます。急いで救助されたものの、あっけなくお亡くなりになってしまいました。全裸で生活していても、心臓を丈夫にするほどの効果は期待できないようです。市内学校の生徒をはじめ、大勢の人が講演を聞くために集まっていたのですが、「右の始末にて解散せり」と締めくくられた記事に無常を感じます。

＊

全裸が一躍世界中の注目を集めたことがありました。ストリーキングの流行です。四〇代以上のかたにとっては、懐かしい言葉ではないでしょうか。

本格的なブームが始まったのは一九七四年の春でした。ストリーキングとは、公衆の目の前を裸で駆け抜ける行為をいいます。重要なのは「駆け抜けること」でなく、「公衆の目の前を」のほうなんです。見られることが快感なのだから、不特定多数の人々《ひとけ》に見てもらわないことには、ストリーキングとして成立しません。自宅の中や、人気のない深夜の公園を走っても、それは練習あるいは未遂です。

そこで必然的に、不特定多数の視線が集まる、白昼の繁華街や、スポーツ競技場などで実行にうつされることになります。日本では一九七四年四月、巨人・中日戦、八回裏の後楽園球場に出現しています。これを報じた読売新聞の記事見出しは「ストリーカー〝代走〟」。

ストリーキングはどこか笑いを誘う行為なので、お堅い新聞の記事見出しにも、おちゃらけたものが多く見受けられます。七六年八月のモントリオールオリンピック閉会式に出没した際には、「踊る乙女へ若い男がチン入」などとベタなオヤジ系シモネタ見出しが紙面を飾りました。いい時代でした。昨今は新聞社が「教育に新聞を」運動に力を入れているせいか、シモネタ、セクハラネタは影をひそめてしまった感があります。むかしはこどもが新聞なんか読んでたら、なまいきだと叱られたものです。

当時まだこどもだった、現在四〇代くらいの日本人ですと、道をわがもの顔で走るから路上の王様、ストリート・キングなのだと解釈したままオトナになったかたもいらっしゃいます。それはまちがいです。稲妻のようなスピードで走るという意味の英語、「streak（ストリーク）」にｉｎｇがついたものなのです。

日本語ですと、「ストリーキング」は「ディズニー・ランド」と同じアクセントで発音されてしまうことが多いため、ストリー・キングのように思えてしまうのでしょう。

＊

一九七四年三月一二日の読売新聞。ニューヨーク特派員が、アメリカの心理学者による、ストリーキングの動機分析を伝えています。流行当初、ストリーカーはおもに大学生だったためか、

①春めいた暖かい日が続きキャンパスで思う存分身体を動かしてみたい季節になった。

②試験期が近づき学生たちの心理的な負担が増大している。

とのこと。んー……そうか？　その理由が正しいのなら、毎年この時期にストリーカーが出没していたはずです。なぜこの年だけ起こったのか、その説明がまったくできてませんよね。

どうも、心理学者による社会現象の解説は、しっくりこないことが多いんです。ストリーキングなんてのは、ただの露出狂・露出症にすぎない、という突き放した見方もあったのですが、そのほうが、けっこう実態に近いような気がします。

社会現象の分析ではなく、臨床的な見地からの意見を拝聴してみましょう。

アメリカ精神医学会が作った診断・統計マニュアルでは、自分の身体を他人に見せて性的満足を得る行為が六か月続いたなら、露出症患者と診断してもよろしい、とされています。また、『心理臨床大事典』によれば、患者の多くは露出行為以外では普

通の社会生活ができていて、「良い人だが、いくらか内気だ」と評価されてることが多いそうです。ただし、『ラルース臨床心理学事典』には、露出症は治療にほとんどのせられないもの、と書いてあります。要するに、治しようがないってこと？

＊

治らないことを証明するかのような事件がありました。一九八一年の夏、東京都八王子市近辺で、全裸泥棒が出現。被害は六〇件以上にものぼりました。ひとり暮らしの女性の部屋に深夜忍び込み、全裸になって財布のカネなどを盗み、ついでに女性の体に触ったりするというのが、毎回の手口。盗みはともかく、女性に触るという行為は一線を越えてしまってます。もはや笑えないわいせつ行為になってしまってますから許せません。

ただしこの犯人、それ以上の乱暴ははたらかず、女性が目を覚まして気づかれると、三度に一度はすみません、と謝って逃げるのだそうです（読売一九八一・七・二夕）。謝るのが三度に一度と中途半端なのは、どういうことなんでしょう。悪いと思うなら、毎回謝るのが、人の道ってものではないですか（そもそも泥棒をすべきじゃない、って正論は呑みこんでください）。

これだけの件数を重ね、何人もの被害者に目撃されたにもかかわらず、犯人はつかまりません。夏以降、犯行自体がぱたっとやんでしまい、一年が過ぎました。まさかこのまま逃げおおせるのか、と心配されはじめた八二年八月、一年ぶりの犯行におよんだところを逮捕されました。ひさしぶりでカンがにぶってたんでしょうね。そのままやめればよかったのに、やはり露出癖はやめられない、ガマンできない、治らないのです。

逮捕後、並み居るマスコミの中で、なぜか朝日新聞が、もっとも力を入れて詳しい追跡取材をしています（一九八二・九・二七夕）。犯人の自供によりますと、全裸だと見つかってもカラダのほうに目が行ってしまい、顔をおぼえられにくいのだそうです。何度も目撃されていたのに捕まらなかった理由が明らかにされました。

しかも、寝てる女性は寝まきや下着姿だから、逃げれば外までなかなか追いかけてこないというメリットまであるとのこと。取り調べで、裸になるのは恥ずかしくなかったのか、と聞かれた犯人、「自分はプロのノビ（忍び込み）ですから」と妙なところでプライドを誇示しました。なぜ謝ったのが三度に一度だったのかという疑問は迷宮入りです。

さらに、この事件には後日談があります（読売一九八七・九・一二）。五年後の八七年の夏に、まったく同様の事件が連続して起こったのです。被害者の目撃証言から、もしやあいつでは、とピンときた警察が捜査をしたところ、捕まったのは案の定、あいつでした。八四年に仮出所していた全裸泥棒、がまんできずにまた同じあやまちを繰り返してしまいました。露出症はやっぱり治らないみたいですよ。

＊

ところで、七四年の春にブレイクして、世界中に広まったストリーキングですが、ブームは急激に終息へと向かいます。一年後にはほとんど報道されなくなりました。やってた連中はいたのだろうけど、世間もマスコミも飽きてしまったんでしょうね。ストリーキングをやったところで、だれにも注目されない、報道もされないとなったら、やりがいがありません。

そんななか、いまだコンスタントにストリーキングが出没し、報道される機会も多い国があります。それはイギリス。ブームが去ったあとも続ける人こそがホンモノの愛好家だとするなら、イギリスはホンモノの全裸愛好国だといえましょう。

そもそも、ストリーキングブームより前にイギリスのBBCテレビで放映されていたコント番組『モンティ・パイソン』でも、草原のど真ん中で全裸のおっさんがひとりオルガンを弾いているシーンから始まるのが恒例だったくらいです。ブームを先取りしていたといえましょう。

二〇〇六年には、イギリス人のおよそ三分の一が裸で電話をかけているという、衝撃的なまでにどうでもいい調査結果が公表されました（ロイター二〇〇六・三・二三）。調査したのが民営化された旧郵政省だったというのも不可解です。なにが目的なの？

二〇〇五年には、元海兵隊員の男性が全裸でイギリス縦断徒歩の旅に出発しました。途中何度も逮捕されましたが、めげません。釈放されるとまた全裸で歩きだします。何度かの中断ののち、翌年ついにゴールする快挙を成し遂げました。といってもこのかたは、いたってマジメなヌーディスト（全裸生活主義者）のようですから、ストリーカーとしておもしろニュース扱いされることには異議を唱えるかもしれませんけど。

正統派ストリーカーにとっての晴れ舞台といえば、毎年開催される全英オープンゴルフです。全英オープンでは、期間中、たいてい一度はコース内にストリーカーが出没することで有名です。

二〇〇二年の大会では、グリーンで芝目を読んでいるタイガー・ウッズ選手の目の前に、女性ストリーカーが仁王立ちになりました。その瞬間の写真が二〇〇二年一〇月一一日号の『週刊ポスト』に掲載されてます。ただし、写真を見るかぎりでは女性は黒のブラとTバックを身につけてるんですね。なんということでしょう。ストリーカーの風上にも置けないハンパな女め！ 売名行為のパフォーマンスなら、全裸への侮辱だ！ 恥を知れ！ と憤懣やるかたないかたも多かったはずです。

それより、ウッズさんの表情に注目しましょう。いかにもスケベそうな満面の笑みを浮かべています。当時二六歳だったウッズさんは、マジメで爽やか好青年のイメージが強かったので、これをシャイな照れ笑いと受け取った人もいたようですが、愛人一四人騒動を経たいまとなっては、ああ、やっぱりな。

＊

私は自分ではやりませんけど、ストリーキングについてはわりと好意的にとらえてます。逆に許せないのが、盗撮。他人の裸や風呂だの便所だのを盗み撮りして売ったりネットに流したりなんて、そんな卑劣な連中に比べたら、自らの裸体を公開して、なんの利益も生まずに捕まるストリーカーの潔さ。なんでも無償公開だなんて、グーグルと同じ先進的なポリシーを感じます。

そんななか、インドネシアのニューギニア島に住む裸族が服を着るようになった、なんて記事（朝日一九九五・一・七夕）を目にすると、複雑な気持ちになってしまいます。二万年前からペニスケースと腰みのだけで暮らしてきた彼らの村にも、近代化の波は押し寄せています。若者たちは街へ出て就職するようになりました。そうなると当然、服を着なくてはなりません。

先進国でいまだにストリーキングが出没したり、自称裸族がブームになったりする一方で、伝統的裸族社会では、若者の全裸ばなれが進んでいるのです。文明とは、文化とはいったいなんなのでしょう。人類は、いったいこれからどこへ向かうのでしょうか。

# 第四章　部屋と開襟シャツとわたし

二〇一〇年一月一三日、小沢環境相のもとに、ある団体が陳情に訪れました。その団体とは、日本ネクタイ組合連合会。ノーネクタイ・ノー上着を推奨するクールビズ運動のせいで、二〇〇九年の国内のネクタイ売上高は、二〇〇四年に比べ四割減ってしまったと彼らは主張します。ひいては、クールビズ運動を廃止してくれと強く要望したのです（読売オンライン二〇一〇・一・一四）。

ふうん……そういう見かたもあるんですねえ。もし私が大学で、社会科学系の一年生向け基礎講座を受け持っていたら、さっそくこれをレポート課題にしていたことでしょう。

「以上のネクタイ組合の主張は、社会学的、経済学的に見て正しいといえるだろうか。

具体的なデータを交えて検証しなさい」

なんてね。ネクタイ組合さんに恨みはないのですが、ごめんなさいねぇ、社会科学の中でも、とくに社会学ってやつは、とっても底意地の悪い学問なんですよ。「社会学の目的は、社会をべつの視点や切り口から見つめ直すことなのだ」なぁんて、学者たちはちょっとかっこつけて申しますが、それをべつの視点から見つめ直せば、オレたちは性格悪いぞ、って宣言にすぎません。社会学者はたいてい、性格ねじれてます。まっすぐだなあ、と思う人は、ねじれてねじれて一回転してるんです。

学生さんの中で、先ほどのニュース記事を読んで「ネクタイ屋さん可哀想、クールビズ死ね!」と決めつけちゃったかたは手をあげていただけますか、はい、あなたはたいへん素直な性格でいらっしゃる。けど、社会学にはむいてないかもしれません。経営学部に入り直して、MBA取得でも目指しましょう。

「罰則も法的拘束力もないクールビズ運動に、ネクタイの売り上げを四割も減らすほどの破壊的影響力が本当にあるのだろうか?」と疑問に感じたかたは? はい、あなたには社会学のセンスがあります。喜んでる場合じゃありませんよ。性格悪いってことがバレたんですから。

疑うことには、人の感情を逆撫でするリスクがあります。エコロジーブームが始まったころ、私はエコに疑問を投げかけて、エコ信者から嫌われました。ところがその後、一部の科学者たちが書いたエコ批判本の内容が、社会科学の見地からするとあまりに稚拙で非現実的なヘリクツばかりなのに呆れはて、今度はエコ批判をする科学者を疑うようになりました。

エコを疑うのも大切だけど、エコを批判してる学者の主張も鵜呑みにせず、ホンマでっか？　と疑うのが、本当の懐疑論なんですよ、と真実を説いたら、感謝されるどころか、今度はエコ批判信者から嫌われました。

結局われわれ人間は、他人のウソが暴かれると喜んで、自分のウソが暴かれると怒るんです。真実の追求なんてタテマエにすぎません。知能の高い低い、教養のあるなしに関係なく、人は自分の信じたいことだけを信じるいきものなんです。

＊

ネクタイ問題を検証する切り口はいろいろありますが、いくつかヒントを出しますと、たとえばこの五年間で団塊世代が定年を迎え、大量退職が始まっています。一方で新卒採用が抑えられ就職氷河期が再来してます。てことはサラリーマンの絶対数が減ってるのだから、ネクタイの売り上げが減少するのも当然なのでは？

あるいは、輸入物の格安ネクタイの台頭が、売上高の激減を招いている可能性はどうでしょう。あたりまえですけど、同じ本数が売れても、単価が下がれば売上高は落ちます。いまや恐ろしいことに一〇〇円ショップでネクタイが買えますからね。一〇〇円ショップ最大手ザ・ダイソーの人気商品トップスリーは、電池、くつ下、ネクタイだそうです。

どうします？　一〇〇円ショップでのネクタイ販売を規制してくれるよう、今度は経済産業大臣にでも泣きつきますか。巨額の政治献金をすれば、輸入ネクタイに高い関税をかける法案を、国会に提出してもらえるかもしれませんよ。

＊

データの検証は学生さんにおまかせするとして、いつものように新聞記事を検索したところ、おもしろい事実がわかりました。

じつは日本ネクタイ組合が環境大臣に陳情したのは、今回が最初ではなかったのです。オイルショックの記憶もまだ新しかった一九七七年一月、当時環境庁長官だったのは石原慎太郎さん。その石原さんが、ネクタイ無用論、ノーネクタイ宣言をブチ上げたのです。宣言するだけならともかく、「ネクタイなんて、産業優先時代のチョンマゲ」(朝日一九七七・二・五)と、いわんでもいいことをわざわざいうあたりが、いかにも石原さんらしいですね。
当然、この挑発的な発言はネクタイ組合のお偉いさんの逆鱗《げきりん》に触れ、抗議声明文を提出する騒ぎとまでなりました。
そういえば、東京都知事をつとめている現在(二〇一〇年)も、石原さんはノーネクタイにジャンパーという、鉄工所のオヤジみたいな姿で記者会見に臨みます。ネクタイ無用論はいまでも実践されてるようです。

＊

ところで七七年に提出された、そのネクタイ組合の声明文には、こうあります。

服装服飾は本来その人その人の自由であるべきで「時と」「場所」並びにその人の社会的「立場」を心得た良識あるものが望ましいものです。

あれれ? ここには相反するふたつのことが書かれていることにお気づきでしょうか。服装は個人の自由であるべきとかいっておきながら、その舌の根も乾かぬうちに、時と場所と立場にあわせた服装が望ましいというのです。

この文章は前半がまちがっているのです。服装は個人の自由ではありません。社会に生きる人間は、法律などに規定されていない文化やしきたりに縛られているからです。

数年に一度くらいの割合で、魚のような無感情な目をした経済人が、「法に触れなければなにをしてもいいのだ」と開き直って公言する姿が見られますけど、それが幼稚な強弁だというのは、まともなオトナならみんなわかってます。法学部に入った学生はまっ先に、世の中の決まりごとの多くは法律になっていない、と釘を刺されます。法に触れなくてもやってはいけないことは、社会にはたくさんあるのです。

＊

二〇〇五年に始まったクールビズですが、だれもが歓迎したわけではありません。批判の声も当然あがりました。批判の中身を大別するとふたつ。ひとつは、ノーネクタイはダサい。もうひとつが、ネクタイをするかしないかは個人の自由であって、国が押しつけることではない、という主張。

もっともらしいご意見ですが、「個人の自由」を口にする人こそ、もっとも疑ってかからねばならない対象です。個人の自由は、現実を無視した空論であることが多いのです。

理屈をいうなら、あいさつをするかしないかも個人の自由です。法律で強制されてるわけじゃありません。でも、ご円滑な社会生活を送るためには、あいさつをしないわけにはいきません。あいさつをするかしないかは理論的には個人の自由ですが、現実社会では事実上強制なんです。

ネクタイをすることも、会社員にとっては長年不文律で強制されてきたというのが、否定しようのない現実です。みんながネクタイをしている中で、ネクタイをしない自由を謳歌できた会社員など、どこにもいなかったのです。

一九七一年に、ネクタイをしなかったことを理由に解雇された教師が解雇無効を訴え、勝訴した例があります（朝日一九七一・七・二〇）。逆に、ネクタイをしたことでクビになった例は、私の知るかぎりではありません。

日本のサラリーマン社会では、ネクタイをしないことは許されず、ネクタイをする、自由しか存在しなかったのです――

と、いいたいところですが、過去の歴史を振り返ると、違った事実が見えてきます。

＊

一九五六年（昭和三二）の小津安二郎監督作品『早春』では冒頭、朝の通勤電車を待つ蒲田駅のホームが映されます。通勤客は全員、ノーネクタイ・ノー上着のクールビズスタイルです。男性はほとんどが、開襟シャツを着ているのです。

映画の主人公が勤める丸の内の一流企業でも、社員はほぼ全員、開襟シャツで仕事をしています。笠智衆が演じる管理職だけは、ネクタイと背広を着用しています。

五年後の一九六一年七月にNHKで放送された『日本の素顔　レジャーの断面』というドキュメンタリーでも、社員はみんな半袖ノーネクタイ、副社長だけがネクタイを締めている映像が確認できました。

つまり昭和三〇年代中ごろまでの日本では、平社員は夏場、半袖開襟シャツで仕事をすることが許されていた、というよりむしろそれが常識だったことがわかります。開襟シャツは構造上ネクタイをしめられないから、開襟イコールノーネクタイになるのです。

でもいまではサラリーマンが仕事中に開襟シャツを着ることなど、めったにありません。半袖開襟のビジネス向けワイシャツ自体、売り場で見た記憶がないんですが、探せばまだどこかで売ってるのでしょうか。

じつは、日本におけるサラリーマンの夏服の歴史をひもとくと、ネクタイの有無ではなく、開襟シャツの是非をめぐる攻防が繰り広げられていたことがわかるのです。

＊

明治時代の文明開化で洋装が取り入れられたころは、すべてが西洋人のマネでしたから、当然、背広にネクタイ（蝶ネクタイ）姿が基本です。でも、日本の夏は蒸し暑い。いまと違って熱帯夜というのはほとんどないので、日が沈めば過ごしやすくなるとはいうものの、会社勤めなら基本的に労働時間は昼間です。昼の暑さは、やはり当時の人でも耐え難かったことでしょう。

日本で最初に夏場の軽装運動が盛り上がりを見せたのは、ようやく昭和に入ってからのことでした。

朝日新聞によりますと、一九三一年（昭和六）、実業家や財界人の集まりである日本工業倶楽部が、開襟シャツ・ノーネクタイのスタイルを勧めたのがはじまりとされています（朝日一九七六・七・二三夕）。ただし、『明治・大正・昭和の新語・流行語辞典』には、同年、報知新聞も開襟倶楽部なるものを発足して開襟シャツの普及に貢献したとあります。どちらが先だったのかははっきりしませんが、いずれにせよ、元祖クールビズは官からの押しつけではなく、民から自発的に始まったのでした。

こうした運動の結果、「開襟シャツ」が昭和九年の流行語になるくらいにまで、一般に浸透していきます。意外ですけど、それまで開襟シャツをみんな知らなかったわけです。もっとずっとむかしからあったものだと思ってましたが、けっこう新しい発明品だったんですね。

戦争へと向かう日本では、華美な服装を自粛する空気が強まっていましたから、開襟シャツには追い風かと思われましたが、夏場の開襟シャツスタイルが根づいたと断じるのは、まだまだ早い。

一九三七年（昭和一二）一〇月号『婦人画報』の対談記事。関西の紳士は見た目より実用性を重んじるので、夏場の開襟シャツは珍しくない。しかし東京ではあまり見られないと語られています。東京の人たちのほうが関西人より見栄っぱりなんでしょうね。それで背広姿が好まれたのかもしれません。当時、関西のおっちゃんたちは、夏は日傘をさして歩いてたようですが、これも東京では流行らなかったようです。

そんななか、ついに開襟バトルは霞ヶ関へ飛び火します。一九三八年（昭和一三）、大蔵大臣賀屋興宣が、夏場のノーネクタイを提案し、省内で受け入れられました。暑がり官僚がほっとしたのもつかの間、夏前に大蔵大臣が池田成彬《いけだしげあき》に交代した途端、池田は、ノーネクタイなどとんでもない、と決定を覆してしまいます（朝日一九三八・六・二〇）。

東大卒の無骨な賀屋と、慶応ボーイでダンディな池田らしいエピソード、と解釈するのは想像が飛躍しすぎでしょうか。しかし池田蔵相の下でも、一般職員が省内で仕事をする分には、ノータイ開襟は黙認されていたとのことです。

＊

戦争を挟み、戦後のもののない時代になりますと、さすがになりふり構っちゃいられません。夏場の開襟シャツ姿はついに市民権を得て、一般に広まることとなります。その様子が、小津の映画の時代まで続いていくのです。

でも人間というのは、ちょっと生活にゆとりが出てくると、自分の身なりはおろか、他人の身なりやマナーにまで口を出すようになるものなんです。

一九五二年（昭和二七）夏、早くも開襟の自由に暗雲が漂い始めます。戦前の開襟シャツ論争が再燃の兆しを見せたのです。読売七月七日夕刊の「よみうり寸評」（朝日でいうところの「天声人語」みたいなミニコラム）の筆者の弁を聞きましょう。

……今年はツマラヌ事を言う者が出て来た◆パンツで開襟シャツはもうイケマセン。チャンと、ワイシャツを着て、上衣をつけ、無論長ズボンでなければ、というのである。

開襟シャツがいけないというのはまあわかるとして、「長ズボンでなければ」ってことは、当時は七分丈や膝丈のズボンをはいてた新聞記者やサラリーマンが存在していたんですね。大胆なファッションです。

この筆者は続けて、日本の夏は暑いのだから、イギリスのマネをして背広を着るのは真っ平だと書いています。一般サラリーマンの多くも、この意見にうなずいていたことでしょう。

この後、夏場の開襟論争は静かに続き、他紙でも投書欄などでことあるごとに取りあげられます。一九五五（昭和三〇）になると、かなり服装規定がきびしくなってきたことがコラム「編集手帳」の筆致にもあらわれてます。六月一一日付では、満員電車で薄着の女性がうらやましい、それに比べて男ときたら……と話がはじまり、一歩、外へ出ればやかましいエチケットがある。会社員はせいぜいノー・ネクタイぐらいのところで我慢しなければならぬ。

ここまでは、問題ありません。このあとがちょっとおもしろいことになります。

そこへゆくと満天下の女性はほとんど半裸にひとしいすずしい装いで、涼味満点。ヌード写真でなれっこになっているから平気なものだ……

紙面で堂々のセクハラ妄想発言です。いまなら苦情ものですが、むかしは鷹揚《おうよう》だったんですねえ。スポーツ紙や、オジサン向け夕刊タブロイド紙ではないんです。天下の読売新聞の第一面にこのコラムが載ってたんですから、チョイエロおやじたちにとっては天国の日々。

じょじょに追いつめられていくチョイエロオヤジ——ではなく、開襟シャツ派に、強い味方が現れます。

一九五五年（昭和三〇）七月、国会で重光葵《しげみつまもる》外相がただひとり、ノーネクタイ開襟シャツで答弁に立ったのです（読売一九五五・七・一五）。この勇気ある行動は、案の定、参院議運理事会でやり玉にあげられました。大臣たる者が公の場でなにごとか、と。でも重光も負けてはいません。外務省は今年から開襟を制服にする！　と宣戦布告。ただ残念ながら、このバトルがどうなったのか、続報はありませんでした。

＊

いまでもやってるのかどうか知りませんが、そのむかし、デパートは毎年七月ごろになると、決まって中元大売り出しの新聞広告を出すものでした。一九五〇年代なかごろの広告には、開襟シャツが目玉商品として必ずラインナップされてます。それが年を追うごとに次第に影をひそめ、一九六一年ごろになると、半袖シャツはあっても、開襟シャツの文字は見当たらなくなってしまいます。

昭和三〇年代に、サラリーマンの装いを開襟シャツから背広にネクタイへと変貌させていった原因といったら、やはり冷房設備の普及をあげないわけにいきません。空調関連の専門書を見ますと、日本では昭和三〇年ごろから、新築のビルに空調設備が採用され始めたそうです。

いち早く導入したのはデパートでした。昭和三〇年代のデパートの新聞広告では、

「全館冷房」と誇らしげな文字がお客を誘っています。マイカー、カラーテレビと並んでクーラーが新三種の神器として家庭に入り込むのは、昭和四〇年代以降の話。まだまだ先です。

冷房のない古いビルでは、オフィスの中に、でっかい氷の柱を何本も置いて涼をとるという、なんとも風流な光景も見られましたが、昭和四〇年代になると、ほとんどのビルへの冷房導入が完了します。夏でも背広ネクタイを可能にする条件が整いました。

＊

一九六一年（昭和三六）にはホンコンシャツなる商品が発売され、大ヒットしました。これ、ネクタイを締めても似合う、ポリエステル素材の半袖ワイシャツです。各社から同様の商品が発売されまして、それぞれ呼び名が違ったのですが、帝人の商品名ホンコンシャツが半袖ワイシャツの代名詞となりました。ちなみに香港とはなんの関係もなく、語呂とイメージからの命名だったそうです。

半袖ワイシャツが売り上げを伸ばしたことで、開襟シャツはますます時代遅れのものとなっていきます。まあ結局はホンコンシャツも三日天下で、長袖ワイシャツに取って代わられる運命だったのですが。

＊

コラムで夏の軽装を訴え続けた読売の記者たちでしたが、一九六二年（昭和三七）にもなると、無念の思いをつづることが多くなります。オフィスの冷房普及によって真夏でも上着を着る者が増えた。シャツ一枚のスタイルが失礼という観念が復活してしまった、と（読売一九六二・八・一）。読者のあいだでも、一九六二～六四年にかけて、開襟シャツの是非が投書欄をにぎわせていたのですが、六四年を最後に論争も見られなくなりました。

一九六六年（昭和四一）、日本ネクタイ組合連合会は、表舞台から姿を消しかけていた開襟シャツにとどめを刺すかのように、「父の日にネクタイを贈ろう」キャンペーンを始めます。それ以来、ネクタイはお父さんへのプレゼントの定番となり、お父さんたちは真夏でもネクタイをして仕事に励むのが常識となってしまったのです。もちろん、それを可能にしたのも、冷房という文明の進歩があったからこそでした。冷房の普及が、日本人の服装マナーに大変革をもたらしたのです。

＊

このように、明治以降の日本の服装文化史を振り返ってみますと、日本人サラリーマンが真夏にネクタイをしない自由を本当に謳歌《おうか》できたのは、戦後のおよそ十数年間というごく短い期間にすぎなかったことがわかります。

ネクタイなんかしたくない、真夏は涼しい格好で仕事をしたいと願う者たちの〝自由〟は、ネクタイをしないのは無礼であるとの慣習に幾度となく踏みにじられてきたのです。

日本ネクタイ組合のかたがたは、ご自分たちがいかにも被害者であるかのように訴えますが、それはあまりに一方的で思いやりに欠けるいいぶんじゃありませんか。高温多湿の日本の夏に、ネクタイを締めて通勤しなければならなかったサラリーマンこそが、真の被害者だったのです。彼らの我慢と辛抱が、これまで何十年間も夏場のネクタイ売り上げを支えてきたのですよ。ネクタイ組合のみなさんは、その貢献に感謝して、そろそろ日本の男たちを解放してあげてくれませんか。

重ねていいますが、政府主導のクールビズ運動には、法的拘束力も強制力もないんです。七〇年代後半から八〇年代にかけて政府が奨励した「省エネルック」なる半袖背広は、まったく受け入れられませんでした。つまり、いくら政府が奨励したって、国民がダサいと思えば流行らないんです。

いま、日本の男たちにノーネクタイが増えたのは、お上の意向でムリヤリやらされてるのではありません。父や祖父の時代から長年望んできたのにできなかったことを、ようやく実行に移しているだけのことです。

たしかにクールビズはきっかけを作ったでしょうけど、省エネルックとちがい、今度は消費者が積極的にノーネクタイを選び取ったのです。それをやめろというのは、それこそ自由の侵害です。自由競争経済の否定にほかなりません。

ネクタイ組合のみなさんがいまやるべきは、陳情でも責任転嫁でもありません。締めても首まわりが暑くならず、しかも見た目がカッコイイ、みんなが締めたくなるような、画期的な機能とデザインを兼ね備えた新型ネクタイを開発することです。それが実現できれば、エコネクタイとして大ヒット商品になることまちがいありません。

第五章
# 絶えないものは、なんですか

人気グループ・V6の井ノ原快彦(31)と女優の瀬戸朝香(30)が28日、結婚することを発表し、東京・赤坂のTBSで喜びのツーショット会見を行った。

(略)

今後も女優業を続ける瀬戸は「彼を支えながら、笑顔の絶えない家庭にしたい」。井ノ原も「これからもすべての人に感謝しながら生きていきたい」と笑顔を見せた。

(スポーツ報知WEB版二〇〇七・九・二九)


あー、なんか、もやもやする。みなさんも感じませんか、この違和感。

いいえ、べつにお二人が結婚したことにケチをつけようってんじゃありません。イノッチも瀬戸さんも、とても素敵なかたですし、ナイスカップルだと思います。

どこがヘンだかわからない？ では、他の例もいくつか並べてごらんにいれましょう。

二〇一〇年五月九日 ＩＬＭＡＲＩ・蛯原友里結婚報告「笑顔の絶えない温かい家庭を築いていきたい」（蛯原）

二〇〇九年四月二六日 中村勘太郎・前田愛結婚会見「笑顔の絶えない家庭に」（中村）

二〇〇五年四月六日 名倉潤・渡辺満里奈婚約会見「笑顔の絶えない家庭に」（渡辺）

さあ、そろそろ、私が感じたもやもやの正体がおわかりになったのではないでしょうか。じつはここ数年、芸能人の結婚・婚約会見では、「笑顔の絶えない家庭」というのが定番のコメントになっているのです。

数年前、たまたま井ノ原さんと瀬戸さんの記事を読んだときにこの異変に気づいて、記事をスクラップしておいたんです。そういうわけで、だいぶたってしまいましたが、例文として使わせていただきました。

芸能ニュースは時代の流行や気分を敏感に反映するので、文化史研究では貴重な情報源なんですが、朝日や読売などの一般紙ではほとんど取りあげられません。スポーツ紙はわりと詳しく報じますが、検索サービスをやってないので、過去の記事を調べるのがむずかしい。ネットの芸能ニュースなら検索できますが、ネットの記事って一、二年たつと削除されてしまうんです。

かろうじてネット上に残っていた記事や動画から使用例をかき集めたところ、私が見つけた中では、二〇〇五年の名倉さん・渡辺さんがもっとも古い例だったという次第です。

もちろん、これだけで渡辺さんが元祖いい出しっぺだと主張する証拠にはなりません。それ以前から使われていたのは明らかです。そうですね、一例をあげるなら、『女性セブン』一九九五年五月一一・一八日号には、「国生は「絶えない笑顔」」という記事見出しがあります。国生さゆりさん本人が口にしたわけじゃなく、記者が付けた見出しとはいえ、思わぬところでおニャン子つながり。

＊

先におことわりしておきますけど、「笑顔が絶えない」は日本語の文法上、まちがいではありません。ですから、使っていただいても全然かまいませんし、国語のテストや作文で減点されることもないはずです。

しかし私の感覚だと「○○が絶えない」は、忌むべきものごとが自分の願いに反して起こり続けてしまう、という否定的な意味合いで使われるのが普通って気がするんですよねぇ。

いさかいが絶えない。生傷が絶えない。苦労が絶えない。ダンナの浮気が絶えない。妻の夜遊びが絶えない……ね？　こういう使われかたのほうが自然だと思いませんか。つまり「○○が絶えない」と口にした人は、本心では「絶えてほしい」と願ってるわけです。だから「笑顔が絶えない」と聞くと、絶えてほしいの？　ほしくないの？　どっちなの？　ともやもやしてしまうというわけです。

ためしに、笑顔以外の素敵なもので「絶えない」の例文を作ってみてください。しあわせが絶えない。健康が絶えない。美貌が絶えない。ボーナスが絶えない。ごちそうが絶えない……って、どうです、なんかしっくりこないでしょう。少なくとも私は、日常会話で耳にした記憶がありません。やっぱり「絶えない」は不幸がよく似合う言葉なんです。

＊

日本では作家が死んで五〇年たちますと著作権が切れて、その人の作品を自由に公開できるようになります。そうした作家の作品を無料で公開している「青空文庫」というう有名なサイトがありまして、現在、一九四〇年代以前に書かれた有名な小説・エッセイが一万本ほど公開されてます。このサイトは言葉の使われかたを調べ

タダで名作文学を読めるというだけでなく、このサイトは言葉の使われかたを調べるのに重宝します。サイト内を検索すると、ある言葉がどれくらいの頻度で使われていたかがわかります。

で、サイトまるごと検索しましたが、「笑顔が（の）絶えない（絶えぬ）」という表現は、まったく使われていないんです（二〇一〇年六月一九日時点の検索結果）。

ついでにいうと、「笑いが（の）絶えない」もありません。ただし、「笑い声が（の）絶えない」という表現になると、三作品に現れます。一番古いのは大正九年発表の宮本百合子『渋谷家の始祖』。とはいえ一万本の作品中、たった三回しか出てこないのですから、めったに使われない表現だったのはたしかです。

じつは最近の結婚会見では「笑顔の絶えない」と並んで、「笑いの絶えない」もし

ばしば耳にします。二〇〇九年には水嶋ヒロさん、二〇〇六年には藤原紀香さんが「笑いの絶えない家庭」にしたいとおっしゃってましたが、数あるなかには、絶えてしまったご家庭もなくはないようです。

＊

一九五〇年代以降の用例を調べるのは、いまのところはちょっとむずかしい。朝日の記事全文検索が可能なのは一九八五年以降、読売は八六年以降の記事にかぎられます。それ以前は見出しのみの検索になってしまいます。

とりあえず見出しで検索しましたが、ほとんど見当たりません。古いところでは、朝日一九七二年九月九日、日本の卓球選手団OBが訪中した記事で「公平な応援、絶やさぬ笑顔」なんてのがあります。

読売一九七三年一一月二九日の見出し「笑顔絶えぬ余裕」で伝えられた記事は、ちょっと珍しい内容です。この三日前、中東上空で旅客機がハイジャックされたのです。笑いごとではありません。この飛行機には日本人の団体旅行者も乗ってまして、無事全員解放されたあとに旅行会社の添乗員が語ったのが、この言葉。「日本人はみんな落ち着いていて、笑顔も絶えなかった」。ハイジャックされてたのに笑顔が絶えなかったというのも、にわかには信じがたいですよね。もしかしたら、緊張のあまりみんなひきつった笑いを浮かべてただけだったりして。

こうなってきますと、いったいどのくらいの時間、頻度で笑えば「笑顔が絶えなかった」ことになるのか、根本的なところを知りたくなります。

一九八六年九月二二日付の読売新聞スポーツ面を見てみましょう。前日行われたプロ野球の広島・大洋戦を報じています。この試合、広島の北別府投手が大活躍。投げるだけでなく、「打つ方でも貴重な追加点となる適時打を放ち、笑顔が絶えない」。

ひょっとして、スポーツ新聞ならもっと詳しく試合経過と笑顔の度合いを伝えているかもしれない、と思い立ち、図書館でマイクロフィルム化されたスポーツ新聞を三紙閲覧しました。

＊

ところでマイクロフィルムってご存じ？　電子テキストや縮刷版のない古い新聞は、全ページを写真撮影して、映画のフィルムみたいにリールに巻かれて保存されていることが多いんです。それがマイクロフィルム。

で、それをマイクロリーダーという機械に通し拡大して読むんです。一、二か月分が一巻きなので、月末の記事を読むには、延々リールを巻き取って早送りしなくちゃなりません。ボタン押すだけの電動式のもありますが、古い機械だと、小さいハンドルを手でカラカラ回して早送りする手動式です。私はこのなんとも地味でアナクロな作業がけっこう好きなもので、図書館にあるのが電動式の機械だとちょっぴりがっかりします。

ちかごろ、「回す」という作業が日常使う道具からどんどん消えてる気がします。むかしはテレビのチャンネルは回すものでした。ラジオのチューニングも回して合わせてましたし、電話もダイヤルを回してかけました。そのうちクルマのハンドルも、ゲームのコントローラーみたいな形になっちゃうのでしょうか。

＊

それはさておき、北別府選手の記事でしたね。スポーツニッポンは、笑顔については言及なし。デイリースポーツは記事中では触れませんが、帰りのタクシーに乗った北別府選手の写真を載せて、「にっこりVサインの北別府」とキャプションをつけてます。なるほどたしかに笑顔です。

さて問題は、サンケイスポーツの記事です。最後の打者を打ち取ると、……北別府はガッツポーズもせず、無表情でゆっくりとマウンドから降りてきた……報道陣にドッと囲まれても、感激のカケラも口にせず、淡々と振り返った。

あれあれ？　読売の記事によれば、笑顔が絶えなかったはずなのに……？　同じ場所に居合わせ、同じ試合の模様を観戦したのに、読売の記者とサンスポの記者は、まったく異なる印象を受けたようですね。スポーツ紙は三紙とも、「笑顔が絶えない」とは書いてませんでした。笑顔が絶えないと感じる頻度や時間に関しては、個人差が大きいようです。

＊

朝日・読売ともに、八六年以降、平均すると毎年二つか三つの記事で「笑顔が絶えない」が使われていました。ゼロではなかったものの、一年に二、三回というのはかなり少ないローテーションです。

ところが朝日は九六年から、読売は九九年から、突如として毎年フタ桁の記事に登場するようになりました。ということは「笑顔が絶えない」は九〇年代後半には、記事を書く側も読む側も、あまり抵抗なく使われるようになっていた、二軍から一軍に昇格したと見ていいでしょう。その後めきめきと頭角を現し、いまや有名芸能人も晴れの席で口にできる、メジャー級の日本語として定着したのです。

＊

ここへ来て話を振り出しに戻すようなことをいいますが、いくら世間で支持されようが、新聞記者のお墨つきを得ようが、やっぱり私は「笑顔が絶えない」って表現に馴染めません。だって、絶えないってことは、ずっと、つねに、のべつまくなし笑ってるってことですよ。逆に気持ち悪くないですか。たとえばこんな、「笑顔が絶えない時代劇」のオリジナルシナリオを考えてみましたので、そのワンシーンをご覧ください。

笑顔が絶えない越後屋「お代官様のご配慮で、手前どももたんまり儲けさせていただきました。千両箱がすし詰めで、うちの蔵は扉が閉まりませんぞ。うひゃひゃひゃひゃひゃ」
笑顔が絶えない代官「越後屋、おぬしも相当なワルよのう。うはははは」
笑顔が絶えない越後屋「はっ！　だれだ、そこにいるのは！」

笑顔が絶えない侍「わははは。オレは笑顔が絶えない侍だ。貴様らの悪事、すべてお見通しだ。迷わず笑顔で地獄へ落ちろ！　わははは」
笑顔が絶えない越後屋「おい、だれかおらぬかっ。クセモノだ、やっておしまい。うひゃひゃひゃ」
笑顔が絶えない子分たち「だれあいつ？　クセモノ？　ウケる〜、あっはっはっは……ぐえーっ」
笑顔のまま、一刀両断され絶命する子分たち。笑顔が絶えない侍は、にこやかに悪人を斬りまくる。グサッ！　わはは。シュバッ！　わはは。
子分も代官も越後屋も、みんな斬られて、いい笑顔。
ひと仕事終えて家に帰れば、女房こどもが待っている。
笑顔が絶えない侍「ただいま〜。今日もいっぱい斬っちゃったぞ。わははは」
笑顔が絶えない息子「父ちゃん、お帰り！　今日も皆殺しだね。あはは、服に返り血が付いてるよ」
笑顔が絶えない妻「えーっ、今朝洗濯したばっかりなのに、もう汚したの？　今度から、ご自分で洗っていただきます！　うふふ」

笑顔が絶えない侍「かんべんしてくれよぉ。わははははは」
笑顔が絶えない妻と子「あはははは」

いかがでしたか。なんでしょうか、この明るいおぞましさは。

笑顔が絶えない家庭や人生って、本当に理想的なのでしょうか。

山あり谷あり、喜怒哀楽があってこそ輝くのが人生です。もし、生まれてから死ぬまで順風満帆で苦労も不幸もなかったら、その人は一生笑顔でいられますかね。いえ、そんな生きかたをしてる人が、いきいきとした表情を浮かべられるとは思いません。

人生には悲しみや怒りや不幸がつきものだからこそ、人は、ときおりむけられる笑顔に、笑いに、癒されるのです。不幸を知らない人にしあわせが理解できないように、悲しみを知らない人には笑いの価値もわかりません。悲しいときには泣くべきです。頭に来たら怒りましょうよ。そして、楽しいときには、おもいっきり笑えばいい。それが自然です。いつも笑顔が絶えない人や家庭なんてのが存在したら、それは絶対ムリをしてるんです。

あ、そうそう、「笑顔が絶えない侍」を映画化・ドラマ化したいとおっしゃるプロデューサーのかた、主演はぜひ、イノッチでお願いします。

# 第六章　名前をつけてやる

大正三年。大阪近郊のある農家に男の子が生まれました。こどもにいい名前をつけてやりたい親心は、いまもむかしも変わりません。父親は姓名判断を頼みました。そこで勧められた名前が嘉仁《よしひと》。立派な名前だと気に入ったおとっつぁん、役場に届け出て、戸籍に登録されました。

ところが後日、お宮参りで村人に赤ん坊とその名前を披露したところ、どよめきが起こります。嘉仁は天皇陛下（大正天皇）のお名前だぞ、と教えられたおとっつぁん、名知らなかったとはいえ、これはあまりにおそれ多い。あわ食って役場に駆けこみ、名前の変更を申し出ましたが、登記手続き上の問題はないとして、却下されてしまいました（朝日一九一四・六・六）。

農民である父親が知らなかったのはともかく、姓名判断をカネ取ってやってるプロが、天皇の名前も知らなかったのは、あまりにひどい。いいかげんな占い師はむかしからいたんですね。

だいたい、占い師は「当たるも八卦《はっけ》、当たらぬも八卦」といいますけど、ずいぶん都合のいい責任逃れです。カネだけ取って責任取らないってのは商売の信義に反します。

もし、姓名判断で名前をつけた子が一〇歳までに不幸になったら、占い料金半額返金しますみたいな一〇年保証サービスとか、占いが一〇回はずれたら即引退、みたいな制度を、占い師の組合で決めるべきでしょう。組合があるのかどうかは知りませんけど。

むかしの日本では、天災で農作物が全滅するようなことがあると、神社の神主が責任取って死ぬって決まりになってた地方もあったそうです。占いだって、死ねとまではいいませんけど、ある程度は結果に責任が伴わなければ、真剣にやらないでしょ。

*

ところで姓名判断って、いつごろからあったのでしょうか。占いの本やサイトなどを読みますと、姓名判断は平安時代に陰陽師がはじめたとかなんとか、もっともらしい由来が書いてありますが、証拠となる記録や文献をあげている例はないようなので、あんまり信用できません。

むかしからあったとしても、ごくごく一部の人たちだけがやってたのでしょう。文化史的に明らかになってる範囲では、姓名判断の存在が庶民の知るところとなったのは、明治末期になってからです。

姓名判断の歴史を研究している小林康正さんによると、明治三四年三月二九日の報知新聞一面で大々的に取りあげられたのが、最初の流行のきっかけだったそうです。ブームの仕掛人は、佐々木盛夫。武士の家に生まれ、上京し、立身出世を志したものの、ことごとく失敗。負け組人生からの脱出を賭けて、齢《よわい》四〇を越えて放った起死回生の逆転ホームランが、姓名学でした。新聞とタイアップするという斬新なマーケティングで、佐々木は一躍、ときの人となったのでした。

早くもその二か月後、五月二十一日の朝日新聞には、上流社会の人たちからひっきりなしに鑑定依頼が舞い込んで大忙しの佐々木が仕事場を移転したことが記事になるくらいの人気ぶり。

しかし、運命の女神は気まぐれです。成功を手にしたのもつかの間、二年後、佐々木は急死してしまいます。名前の字画が悪かったのでしょうか。カリスマの死とともに、姓名学ブームも急速に下火になり、世間から忘れられてしまうのです。

＊

ファッションなどでもそうですが、いつの時代でも、流行は繰り返すものです。いったん姿を消した姓名学は、大正元年ごろからまた息を吹き返し、第二次ブームを迎えました。今度はかなり長期的なブームとなります。大正七年と一〇年に発行された新語・流行語辞典にも姓名判断の項目があるくらいで、新聞にもかなりの記事や広告が載るようになりました。

このころ読売新聞では、著名な作家の姓名判断をするという大きなお世話企画、「文壇姓名哲学」が、数十回にわたって読書面に長期連載されてます。それだけでなく、読売新聞読書会なる団体が連日、広告を出しているんです。手数料五〇銭送れば、連載記事で作家の姓名判断をしている姓名学の大家が姓名判断の結果を返送します、という商売。

新聞のようなマスメディアが、占いみたいなうさんくさい商売の片棒かつぐのはいかがなものか、とご立腹のかた、同じ読売新聞の身の上相談コーナーを読んでみてください。

「婿養子に行くことになった二九歳の男ですが、姓名学者に名前が悪くなるといわれ、一家で煩悶しています」(一九一六・一〇・二三)、「私は生い立ちからずっと不幸続きの二一歳の看護婦ですが、姓名判断で名前がよくないといわれ、改名すべきか迷ってます」(一九一四・九・一二) といった相談が何通か寄せられています。

いまは人生相談といったら、学者や精神科医が回答するのが普通ですが、当時の回答者は新聞記者でした。とくになにかの専門家というわけでもない記者が、わりとラフな感じで読者の相談に乗ってます。毎週何曜日の何時から何時まで来社していただければ直接相談に応じます、なんて書いてあったりもしまして、むかしの新聞社はずいぶんとフレンドリーだったんですね。

で、さきほどのお悩みに対する答えはといいますと、「姓名が悪いからなどというのは迷信にすぎません」「不安につけこんで人を迷わせる者もいます。字画など、おもしろがるのはいいが、信じてかかるものではありません」と、冷静なアドバイス。これで相談者が救われたかどうかはわかりませんが、少なくとも、社をあげて姓名判断に熱を上げてたってわけでもなかったようです。

姓名判断の結果が悪いと、みなさん気にして悩むようですが、そこはもっと前向きに考えないと。むしろ、悪い名前で結果的によかった、なんてこともあるんですから。おたくのお子さんが将来、必ずしも立派な人間になるという保証はありません。とんでもないろくでなしやあばずれになることだってありえます。むしろ、その確率のほうが高いかもしれません。そんなとき、名前の字画が悪ければ、ああ、名前が悪かったから、ああいう人間になってしまったんだな、とあきらめがつくじゃないですか。姓名判断で非のうちどころのない名前をつけたにもかかわらず、ろくでもないガキになっちゃったら、親のしつけが悪かったってことになっちゃいますよ。

＊

これと似たようなことを、平安時代の人たちは実践してました。わざとこどもに悪い名前、汚い名前をつけて、厄払いをする風習があったらしく、名前にクソとかつけてた例がかなりあるんです。邪神や悪鬼のみなさん、この子はウンコも同然なんですよ、大事な息子ではありません、あなたがたが手を出すような価値もないんですよ、みたいに予防線を張ってたんです。

有名人では『土佐日記』の作者、紀貫之。彼の幼名が阿古屎《あこくそ》です。ひどくない？

こどもを守りたい親心だとわかってはいても、不憫《ふびん》です。近所のともだちにウンコくんとか呼ばれて、からかわれなかったのかと心配になります。いまの子がそんなイジメを受けたら、まちがいなく、グレるかひきこもりになります。

とはいえ、むかしの貴族はオトナになると名前を変えるのが普通でした。だから一生阿古屎じゃないんです。オトナになって紀貫之と改名したとき、さぞかしホッとしたことでしょうね。やった、今日でウンコくんから卒業だ！　でも幼なじみに道でばったり出会うと、「おお、ウンコくん、ひさしぶり」とかいわれて、いとをかし。

＊

日本では明治時代になって、国民全員が苗字をつけることになったというのは、みなさんご存じのとおりです。しかし、下の名前のつけかたにも、明治政府はけっこう小うるさい通達を出していたことは、あまり知られていません。

天皇の名前の文字を、一字使う分には問題ないが、二文字を続けて使ってはならない、と明治六年の太政官布告（政府からの通達）にはあります。

でも冒頭でお話しした大阪の農民の例だと、役場の人間は、手続き上の問題はないとして名前の使用を認めちゃったんですよね。どうも明治時代に出された政府通達は、末端の役人にまで伝わるほどの強制力はなかったようです。

江戸時代だって、なんとかの御触書とかいうのがやたらたくさん出されてました。そういう話を歴史の教科書で読むと、江戸時代は締めつけがキビシい窮屈な時代だったんだなあ、なんて思いがちですが、実際には庶民は御触書なんて無視して好き勝手やってたんです。従わないヤツがあまりに多いから、幕府は次々と禁令を出し続けなきゃならなかったんです。みんなが素直にいうこと聞いてたら、御触書なんて一回で済んだはずですよね。

歴史ってのは、そういうふうに解釈しないといけません。『論語』を道徳の書として読み、孔子の教えはすばらしいと心酔する人がいますけど、歴史書として読むと解釈は異なります。親を大事にせよと孔子が口をすっぱくしていい続けなきゃならなかったのは、古代中国でいかに親がないがしろにされていたかという証拠だととらえるべきなんです。

明治初期の名付けに関する布告では、天皇の名前の他にも、江戸時代の旧国名や旧官名を使うな、なんて禁令までありました。旧国名というのは、武蔵とか下野みたいな国や藩の名前のこと。旧官名というのはですね、なに右衛門、なに兵衛、なに之助みたいな名前のことです。

おや、でも明治生まれのおじいちゃんには、そんなような名前の人、けっこういそうじゃないか？　そう、じつはその通りなんです。

法学者の高梨公之さんが明治の裁判記録を確認したところ、五郎右衛門とか、与兵衛みたいな名前はごく普通にたくさんあったそうですから、やっぱり庶民はお上《かみ》の通達なんか知らなかったか、知ってたとしても守ってなかったんですね。

それにしても解《げ》せないのが明治政府の官僚です。旧国名はいけないだの、旧官名はダメだのと、なにが目的だったんですかね。江戸時代の古臭い文化を一掃せねば、新しい国づくりはできない、という強迫観念に駆られてたのでしょうか。

＊

こどもの名付けに関しては、日本はかなり自由度の高い国です。いちおう使える漢字に制限はあるものの、読みかたには決まりはないので、事実上バリエーションは無限です。たとえば、「自由男」と書いて「フリオ」と読ませるといった、トンチのきいた（↑死語）名前でも認められます。私は以前、著書に登場する架空の女性キャラに「子子子《しねこ》」と命名しましたが、これも戸籍登録は可能なはずです。まあ、積極的におすすめはしませんが。

その自由度が災いしてか、ちかごろの親たちは、競ってこどもに奇妙奇天烈な名前をつけたがるんだよなあ、と憤懣《ふんまん》やるかたないみなさんもいらっしゃることでしょう。でもそう決めつけるのは早計です。「日本では、ちかごろヘンな名前をつけたがる親が増えた」のではありません。「日本では、いまだにヘンな名前をつけたがる親が多い」。これが正しい歴史認識なので、おまちがえのないよう、お願いします。

なにしろ『徒然草』の中ですでに、「ちかごろは、こどもに小難しい名前をつけて教養人を気取るアホな連中が多い」と吉田兼好がご立腹しているくらいです。日本では鎌倉時代からすでに、漢字と読みが一致しないヘンテコな名前が流行していたのです。

だって、小学校で歴史を習ったとき、源頼朝はなんで「よりとも」って読むんだよ、「たのあさ」じゃねえのかよ、と不思議に思いませんでしたか。思わなかった？　はぁ、きっとあなたはお勉強が得意な優等生だったんですね。優等生は、単純な疑問を口にするとバカにされるのではないかと怖れて、習ったことはすべてそういうもんなんだと丸暗記してしまうほうを選ぶのです。

素朴だけど鋭い疑問に気づくのは、えてして、アホな子なんです。ただ、アホな子はアホゆえに、せっかくの疑問を深く追求しようとせずにすぐ忘れ、給食のおかわりができるかどうか、放課後なにして遊ぶか、などを考えることに大脳を使ってしまいます。

アホな子の名誉のためにいっておきましょう。もともと「朝」という漢字には、「とも」という読みかたはありません。これは名乗り字、名乗り訓といいまして、昔の日本人が名前専用に勝手に作り出した読みなんです。当然、鎌倉時代や江戸時代の人たちも読めずに困ってました。そのため古くから、名前の読みかた辞典が作られていたくらいです。めんどくさいことしてたんですね。吉田兼好が、「素直に読みやすい名前つけんかい、バカ親どもが！」といいたくなったのもわかります。

ヘンな名前は武士だけにとどまりません。角田文衞さんの『日本の女性名　歴史的展望』は、日本の古代から昭和までの女性名の変遷を、膨大な史料から力業でまとめあげた名著です。角田さんの研究によりますと、日本の庶民女性の名は、平安時代に貴族をマネして「子」のつく名前が流行ったあと、鎌倉から室町時代にかけて、極めて変化に富んだ混乱状態にあったそうです。その後、室町時代に、ちよ、とら、みたいなかな二文字の名前が出現すると、それが明治時代まで、長く庶民女性名の基本形として使われました。

そんな保守的な時代のなかにあっても、江戸時代の農村の名簿を調べると、ちん、ふか、るん、ゑくなど、意味や由来がよくわからないヘンな女性名が見られるんですね。こどもにヘンな名前をつけたがる習性は、日本人の遺伝子にインプットされているのでは、と疑いたくもなります。

＊

西洋人の名前にも時代によって流行はありますが、その変化はかなりゆるやかです。なんたって、ヨーロッパには一六世紀の人と同じ名前の現代人がたくさんいます。それこそパオロなんて人は、一〇〇〇年以上前からイタリアにはごろごろいました。鼻くそ飛ばせばパオロに当たるというくらいにね、そんなには、いないかな。

現代の日本に、江戸時代や平安時代に使われてたのと同じ名前の人がどれだけいます? そういう人を探すほうがむずかしい。子役の加藤清史郎くんはいまどき珍しく武士のような名ですけど、本名なんですかね? 平安時代風の人といえば彦摩呂さん……って、あれは芸名か。

ヨーロッパでは、国によっては政府公認の名前リストみたいのがありまして、そこからしか選べないんです。そういう国で、どうしてもリスト以外の名前をつけたい場合には、文化庁みたいなところに届け出て、審査にパスしないとダメ。超保守的。

いまは名付けが自由なフランスも、ナポレオンが「こどもの名前はキリスト教の聖人か歴史上の人物にかぎる」と決めて以来、一九六〇年代に法律が改正されるまで、ずっとそれを守ってきたんです。

さすがに近年は、名前リストを廃止する、または推奨にとどめて強制はしないという国が増えたようです。しかし、デンマークやハンガリーなどいくつかの国では、いまだに名前リストが存在すると聞いてます。そこまでやれば、当然、名前の変化はかなり抑えられることになります。

＊

ハリウッドスターが愛娘にスリなどという、こそ泥みたいな名前をつけてしまう自由の国アメリカ。きっと名付けもヨーロッパに比べて自由きままなのではないでしょうか。

『USAトゥデイ』紙のサイトに、新生児の名前の変遷がわかるデータがあります（二〇〇九・一〇・一三）。社会保障庁のデータをもとに、一八九〇年から一〇年ごとのベスト五〇をまとめたものです（ただし最新のデータは二〇〇八年のもの）。

おおざっぱなやりかたではありますが、一〇年前と比べて、ベストテン内に同じ名

【アメリカ】

| | 2008〜2000 | 2000〜1990 | 1990〜1980 | 1980〜1970 | 1970〜1960 | 1960〜1950 | 1950〜1940 | 1940〜1930 | 1930〜1920 | 平均 |
|---|---|---|---|---|---|---|---|---|---|---|
| 男 | 6 | 7 | 7 | 6 | 8 | 8 | 8 | 8 | 9 | 7.44 |
| 女 | 3 | 5 | 5 | 4 | 2 | 5 | 7 | 6 | 5 | 4.67 |

10年前とかぶる名前

前がいくつ残っているかを数えてみましょう。同じ名前が多いほど、変化は少ないことになります。おおざっぱな比較なので、結果もおおまかな傾向にすぎないことをご了解いただいた上で、その結果をご覧ください。

男の子の名前の変化は、一〇年でベストテンの二つか三つが入れ替わるペースが長年続いています。一八九〇年に一位だったジョンが、二〇〇八年でも二〇位なんです。なんという長期安定ぶり。さまざまな国からの移民で構成されているのだから、もっとバラエティに富んでるかと予想してましたが、意外なほどに保守的なんですね。

女の子は、一〇年ごとにベストテンのおよそ半分が入れ替わってます。男の子よりは、若干早いペースの変化。

が、一九六〇年代。六〇年代といえば、アメリカンニューシネマ、ウッドストック。古い文化の破壊と新陳代謝が進んだこの時代、女の子の名付けにも変革が起こっていたようです。

それを象徴するのが、メアリー（メリー）の人気凋落です。

メアリーはもちろん、イエス・キリストのおっ母さん、聖母マリアに由来する、伝統的な名前です。第二次大戦前まではやたらと多い女性名でした。映画がサイレントだったころ、日本の弁士はハリウッド映画のヒロインをみんな「メリーさん」にしていたといいますが、それはあながちまちがいでもなかったんです。一九六〇年には一位だったメアリーですが、七〇年は九位、八〇年二六位、二〇〇八年にはもはや、五〇位以下のランク外。あー、メリーさん、メリーさん。イエスの弟子ヨハネに由来する男性名ジョンがいまでもしぶとく人気なのに、なんとも対照的な運命ではございませんか。

そして現在。二〇〇〇年代に入ってから、女の子の名前に戦後第二の変革期が訪れているようです。とはいえ、二〇〇八年のベストテンの名前も、どちらかといえば常識的な範囲内の名前ばかりです。スリちゃんみたいな奇抜な名前の子が激増したということでもないみたいです。

＊

では、日本のデータも同様の比較をしてみましょう。

明治安田生命が毎年、その年に生まれた子の名前ベストテンを発表しています。新

【日本】

| | 2008〜2000 | 2000〜1990 | 1990〜1980 | 1980〜1970 | 1970〜1960 | 1960〜1950 | 1950〜1940 | 1940〜1930 | 1930〜1920 | 平均 |
|---|---|---|---|---|---|---|---|---|---|---|
| 男 | 2 | 2 | 2 | 6 | 3 | 4 | 3 | 6 | 7 | 3.89 |
| 女 | 3 | 1 | 1 | 4 | 5 | 5 | 5 | 5 | 3 | 3.56 |

10年前とかぶる名前

聞雑誌テレビでも取りあげられる有名な調査ですから、多くのかたがご存じだと思います。

じつはライバル社の第一生命も、過去に同様の調査結果を公表していたことは、あまり知られていません。敗因は、その年に生まれた子だけでなく、その年に生きていた保険契約者全員を、年寄りも含めて集計してしまったことです。保険契約者は中高年が多いため、この方法だと新生児の名前がほとんど結果に反映されず、地味で変化に乏しいベストテンになってしまいます。話題になり損ね、これでは宣伝効果がないと判断したのか、第一生命は名前調査から撤退、いまではサラリーマン川柳のコンクールで、みなさんのご機嫌をうかがってます。

というわけで、明治安田生命のデータをもとに、一〇年前と一〇年後とで、かぶる名前がどれだけあるかを数えてみました。

アメリカと比較すると、やはり日本のほうが、入れ替わりは激しいようですね。

男の子の名前には、何度か変革期があったことがうかがえます。まずは一九四〇年代。戦中から戦後へという社会の大変化が、名付けにも影響を及ぼしてます。一九四〇年に多かった勇、勝、勲、武などの戦争を連想させる名前が、戦後は敬遠されてベストテン圏外へと去りました。

次の変化は一九六〇年代。昭和初期から絶大な人気を誇っていた漢字一文字の名前が減り、健一、哲也、直樹といった漢字二文字の名前がスタンダードになっていった時代にあたります。

＊

大正元年（一九一二年）からのベストテンをずっと眺めていて、重大なことに気づきました。男の子の名前に「太郎」が一度もランクインしていないではありませんか！

日本の男性名の代表とされ、書類の記入見本には必ず登場する太郎くんですが、実際にはあまりいないそうなんです。国語学者の柴田武さんは戦後まもない一九四八年に、一五歳から六四歳、二万人の名前を調査していますが、そのときすでに、太郎はかなり珍しい名前だったといってます。当時六〇代でも珍しかったということは、明治・大正時代にも、少なかったわけですね。太郎は昔話の主人公のイメージがつきすぎて、実際に自分の子にはつけにくくなってしまったのでしょうか。

むかしの男性名でポピュラーだったのは太郎でなく、「二郎」のほうだったのです。さらに意外なことに、一郎よりもっと多かったのは「三郎」です。一郎が一九二五年を最後にベストテンから消えたのに、三郎は一九三四年までランクインしていました。

これは私の想像にすぎませんが、長男が生まれたときは、親はどんな名前にしようか真剣に考えるんです。なにしろ戦前の日本では、長男といえば家の跡取りです。将来の家長にふさわしい名前をつけなきゃな、と親も名付けをはりきります。次男のときも、それなりに真剣に悩む。昔の幼児死亡率の高さを考慮してください。長男にもしものことがあれば次男が跡取りです。でも三人目ともなると、もう補欠、二軍みたいな扱いです。名前考えるのめんどくせえなあ、ええい、三番目だから三郎にしとけ——とまあ、こんな事情で三郎が多かったのではないかなあ、と。あくまで想像ですけどね。

＊

女の子の変革期は、早くも一九二〇年代に訪れています。明治末期から始まった「子」のつく名前ブームが、ついにブームを超えて定番となった時代です。室町時代から長く続いた、かな二文字の女性名の天下は、ここに終焉を迎えます。

そしてなんと一九二一年から五六年まで、ベストテンはすべて○○子で独占されることになります。ちなみに三六年ぶりに「子の壁」に風穴を開けてランクインしたのは「明美」でした。

その後一九七〇年代まで、女の子の名前は一〇年ごとに半数が入れ替わるペースを保つのですが、ついに八〇年代、嵐がやってきました。そのころから日本では、男女ともに、めまぐるしく人気の名前が入れ替わるようになり、混迷の時代はいまも続いているのです。

こう見てきてわかるのは、日本でもアメリカでも、名前の流行りすたりは、つねに起こっていたという事実です。

ここ三〇年ほどの日本の変化がかなり激しいものだから、最近になって変わった名前が増えたと思われがちですが、戦前の日本でも名前の流行はありましたし、いつの時代にも、ヘンな名前をつけたがる親はいたんです。

＊

自分のこどもに、なぜその名前をつけましたか、とアンケートを取ると、画数がよかったから、音の響きがよかったから、しあわせを願って、などの回答があがってきます。でも最近のベストテンの混沌ぶりや、アクロバティックな漢字の使いかたなどを見ていますと、いまの日本の親たちは、「わが子の名前が他の子とかぶらないこと」に異常にこだわっているとしか思えないんです。

西洋人の命名習慣で、日本人がもっとも違和感をおぼえるのは、親兄弟の名前を自分のこどもに平気でつけてしまうことかもしれません。この習慣は西洋でも減りつつあるものの、じいさんと孫が同じ名前、オバと姪っ子が同じ名前だとしても、そんなにめずらしがられることはありません。

日本人にとっては、ちょっと考えられないんじゃないですか。自分の息子が自分のオヤジと同じ名前って！　自分の娘がオカンと同じ名前って！　親の名前から漢字を一文字もらってつけるというのなら理解できても、まったく同じってのは、日本人にとってはありえない。気色悪《きしょくわる》っ。絶対ムリ。いくら仲のよい兄弟姉妹でも、自分の姉の名前を自分の娘につけるのは、かなり抵抗があるのでは。

みなさんあまり意識していないようですが、じつは「かぶらないこと」こそが、日本の名付け習慣における、重要な隠れキーワードだったんです。

かぶらないように名前をつけようとすれば、自然と名前のバリエーションが増える

**犬の名前ランキング2009**（アニコム損保調べ）

| | オス | メス |
|---|---|---|
| 1 | チョコ | モモ |
| 2 | ソラ | ココ |
| 3 | マロン | ハナ |
| 4 | レオ | チョコ |
| 5 | コタロウ | サクラ |
| 6 | レオン | マロン |
| 7 | ココア | ナナ |
| 8 | ココ | ココア |
| 9 | クウ | リン |
| 10 | リク | モカ |

ことになります。八〇年代以降、その傾向がとても強まったことが、名前の多様化に拍車をかけたのではないでしょうか。

＊

ただひとつ、心配な傾向があります。下の表は、アニコム損害保険が調べた二〇〇九年犬の名前ベストテンなんですが、網掛けになっているのは、同年の明治安田生命の名前ベスト一〇〇とかぶる名前です。

一九九三年には、犬と人間の名前は、まだ完全に一線を画していました。しかし近年、よその子とかぶらないように、個性的な名前を付けようとこだわるあまり、皮肉なことに、人間のこどもと犬の名前がかぶるようになってきちゃったのです。

まあ、愛犬家のみなさんはよく、「犬は家族の一員です！」とおっしゃってることですし、犬と人間の名前がかぶることへの抵抗はなくなりつつあるのでしょう。チョコやマロンが、人間の名前ベストテンにランキングする日も、そう遠くはないのかもしれません。

第七章
# 東京の牛

むかし、日本の母親たちは、こどもが出かけるとき、こう声をかけて送り出したものです。

「クルマに気をつけてね」

この言葉の裏にあったのは、昭和三〇年代から四〇年代にかけて交通事故が急増した社会背景でした。愛知県警が使い始めた「交通戦争」という言葉が、読売新聞の連載記事タイトルとなることで広まり、昭和三六年ごろの流行語にまでなった、と、流行語辞典には書いてあります。

流行は、熱が冷めればあっというまに火が消えます。交通戦争も一過性の流行で終わってくれれば不幸中のさいわいといえたかもしれません。でも悪いことにかぎって、長続きしちゃうのが世の習いなんです。

毎年発行されている『交通安全白書』——ほら、もし本当に安全になったなら、こんな白書は不要なのだから、これが毎年発行され続けてるという時点でアウトです。危険な香りが漂ってきますが、怖いもの見たさで中身を確認してみましょう。救命医療の進歩とクルマの安全装置の普及によって、交通事故での死者数こそ五〇年前に比べて半減したものの、

| | 昭和三六年 | 平成二一年 |
|---|---|---|
| 事故発生件数 | 四九三、六九三件 | 七三六、六八八件 |
| 負傷者数 | 三〇八、六九七人 | 九一〇、一一五人 |

なんと事故発生件数と負傷者数は、現在のほうがむしろ多くなってるじゃないですか！

そりゃ死ななくなったのはいいことだけど、死ななきゃいいってもんでもないでしょう。事故に遭《あ》えば、やっぱり痛いし苦しいし、障害が残ることだってあります。轢《ひ》かれて喜ぶのは当たり屋くらい。いや当たり屋だって轢かれずに稼げる人生があれば、迷わずそっちを選んでますって。

そうそう、日本には奇妙な風習があると聞きました。交通事故でケガすると、被害者が加害者に、「治療で病院に通うあいだ、おまえクルマで送り迎えしろ」と要求することがあるそうですね。事故を起こすようなへたくそなヤツが運転するクルマに、わざわざ志願して乗せてもらうだなんて、自虐趣味にもほどがあります。食中毒で苦しんだあと、原因となった料理を作った板前に、むこう一か月毎晩オレのメシ作れと命じますか、あなた？　マザーテレサのごとく寛容なのか、はたまた、危機管理意識のないド変態なのか。なんとも理解に苦しみます。

＊

「交通戦争」が死語になってだいぶたつから、交通事故はむかしより減っているとカン違いしてる人、意外に多いんです。交通戦争は終戦を迎えてなどいません。一歩家を出たら、日本の道路はいまだ戦時下なのだと、気持ちを引き締めてください。

だからこそ、むかしのお母さんの言葉が、さらに重みを増すのです。「クルマに気をつけてね」。じつに現実的かつ合理的なアドバイスじゃないですか。

逆に、あきれるほどに無意味なのが、ときおり街中《まちなか》で目にする「交通ルールを守りましょう」という看板や垂れ幕。そんな中身のない原則論では、だれの命も守れません。

おたくのお子さんに、「交通ルールを守りなさい」といい聞かせたとしましょう。こどもは素直にルールを守り、信号が青になったら横断歩道を渡ります。そこへ、交通ルールを無視したクルマが赤信号で突っこんできたら、ルールを守ったこどものほうが轢かれてしまうのです。

人里《ひとざと》にクマが出没したら、看板になんて書きますか。「クマに注意」ですよね。「自然界のルールを守りましょう」なんて書くマヌケはいません。

交通ルールを守ることは、交通システム全体を成り立たせるためには必要不可欠ですが、ルールは人を守ってはくれません。優先すべきは、ルールを守ることではなく、身を守ること。そのためには信号を見るのではなく、クルマを見なければいけません。それをひとことで伝えるなら？　そう、「クルマに気をつけてね」が正解なんです。むかしの母は、エラかった。

**牛に気をつけろ**

それよりさらにむかし、クルマがまだ珍しかった時代には、母親はなんといってこどもを送り出していたのでしょう。そこまでは調べがつきませんでしたが、ひょっとしたら、こんな言葉をかけていたかもしれません。

「牛に気をつけてね」

一九二九年一月、吾嬬町《あずまちょう》（現・東京都墨田区）で、牛ひきがお昼の弁当を食べているあいだに牛が暴走、はねられた三歳の子が危篤に。

一九三〇年一月、また吾嬬町で四歳児が牛車に脚を轢かれ、全治三週間のケガ。牛ひきはそのまま逃走（いずれも読売）。

東京の、奇しくも同じ町内で、こどもが牛にはねられる事故が二件も起きています。しかもそのうち一件は、おそろしいことに、ひき逃げ事件です。といっても逃げたのは牛をひいてた人間だけで、牛と車は置き去りですけど。

おっと、ところでいまあなた、「牛車」をなんて読みました？　ちょっと学のある人に「牛車」という漢字を見せたら、おそらく「ぎっしゃ」と読むことでしょう。平安時代の貴族の乗り物を指すなら、それで正解です。しかしこの昭和初期の事故を報じた記事に登場するのは、大きな車輪が二つついた荷車を牛にひかせる輸送手段のことですから、この場合は「うしぐるま」と読むのが正解です。

牛車用の荷車を一回り小型にして、人間がひけるように改良したものが大八車《だいはちぐるま》。自動車が普及する以前、陸路の近距離運送は、もっぱら牛車と大八車が主役だったのです。馬も使われましたが、江戸時代までは馬の背に荷を乗せて運ぶ、軽貨物用途に限定されていました。日本で馬に荷車をひかせるようになったのは明治以降です。

いまでは街の中に牛がいる光景なんて、インドにでも行かないとなかなか見られませんが、昭和初期までは、東京（江戸）でも大阪でも京都でも、荷をひく牛が街を普通に歩いていたんです。

たとえば昭和四年六月、牛車が渋谷の宮益坂《みやますざか》を下っている最中に牛が転倒、暴走した車が他の荷車や散水車を巻きこみ大破、重傷者三名という事故がありました（読売一九二九・六・一二）。マジありえなくねー!? 渋谷で牛って！ ウケる。

昭和二年一二月には芝区（現・港区）三田で、牛車をひいていた牛がクルマの音に驚き暴走、カフェの中に突入する事件が。女給さんたちが珍客にビックリ仰天して「キアー」と黄色い声をあげたら、牛のほうも驚いて、ビフテキにされないうちにとでも思ったか、再び店外に出て行った……（朝日一九二七・一二・二九）。

あのう、「ビフテキにされないうちに」って表現は、実際に紙面にあったものを引用したまでで、決して私のボキャブラリーではないとおことわりしておきます（「黄色い声をあげた」もです）。

冷静に考えれば、カフェに暴れ牛が飛びこんできたからといって、マンガの『トリコ』じゃあるまいし、殺してさばいてビフテキにするわけがないのですが、新聞記者のみなさんはむかしから、こういうベタなギャグが好きなんです。

島根で乗り合い馬車ならぬ乗り合い牛車が登場、通勤時には満員の人気だが「困ったことにスロー・モー」（読売一九四一・四・一八）

やかましいわ。この伝統が『アエラ』の電車内中吊り広告ダジャレコピーにまで受け継がれてるわけで……あ、「スロー・モー」は読売さんでしたか。

＊

むかしの都会人は道を歩くとき、クルマのみならず牛にも気をつけねばならなかったのです。牛といったら、いまでは牧場でのどかに草をはむ平和なイメージが支配的ですが、闘牛にも使われるわけで、やつらは意外に暴れん坊。大きな音に驚いたりとか、なにかのきっかけで暴走を始め、人や物に危害を加えることがよくありました。

そんなのが普通に街を歩いてるのだから、明治時代の新聞には、牛の暴走による交通事故の記事がかなり頻繁に見られます。被害者は一般の歩行者ばかりではありません。つねに牛のそばにいる牛ひき、牛方《うしかた》こそ、まさに危険と隣りあわせの職業です。牛ひきが角で突かれて重症、なんてのもしょっちゅうでした。

明治一四年一二月一八日の朝日新聞は、事故の多さを問題視した大阪市議会が、大阪市街での牛車の通行を禁止する法案を可決したと報じています。

しかし、その後も大阪市内での牛車による事故の記事が載ってるところをみると、この法律にどこまで強制力があったのかは疑問です。そもそも牛車を禁止して、市中の荷物をどうやって運べというんでしょう。それ考えると、牛車の全面通行禁止が実行できたとは思えないのですが。

＊

昭和に入って自動車が普及すると、牛と自動車との衝突事故を報じる記事も目立つようになります。さすがの牛も、クルマが相手となると加害者から一転、被害者へと立場を変えました（以下三件は読売記事）。

昭和五年一二月、東京の京橋でトラックが牛車に衝突、はずみでべつのトラックや自転車を巻きこむ五重衝突の大事故に。牛の安否が気になります。

戦後もまだしばらくは、東京都内でも牛車が使われていたようです。昭和二七年六月、足立区で酔ってオートバイを運転していた男が牛車と衝突して重体という記事が。牛は無事だったのでしょうか。

昭和二八年四月には、北区で、自転車をよけようとしてハンドルを切り損ねたトラックが牛車と衝突、牛車もろとも高さ三メートルの土手から転落する事故が。トラック運転手は無傷、牛ひきは三か月の重症。……だから牛は？　みんな少しは牛のことも心配してあげましょうよ。トラックもろとも三メートルも転げ落ちるという、アクション映画のような事故だったんですから。

そして昭和三八年九月。静岡県内の踏切で、東海道線の貨車と牛車が衝突、牛をひいてた人が十日間のケガ、牛は重体と報じる記事（朝日一九六三・九・一九）を最後に、牛の事故は報じられなくなりました。昭和三〇年代が終わるころには、モータリゼーションの波に押され、牛車はその姿を消していくことになります。

## 江戸の牛

東京都港区、赤穂浪士の墓があることで知られる泉岳寺の近くに、願生寺はあります。

訪ねてみると、昼間なのに門が閉まってます。ああ、いけませんね。大きく減点です。神社仏閣教会などの宗教施設は、だれでも入れるよう、昼間は門を開けておくべきだ、というのが私の持論なものですから。

宗教は、万人に開かれたものでなければなりません。公共性があるからこそ、宗教法人は税金を大幅に優遇してもらえるのです。もし一部の信徒だけを相手にするのなら、それは会員制クラブだから、国や自治体が税金を優遇してやる理由などありません。会員や信徒が自腹で支えるのが当然です。

門は閉まっていてもカギはかかってなかったので、遠慮なく入らせてもらいました。人間、アラフォーともなりますと、ずうずうしくなるものです。四十にして惑わず。

番犬がいました。白いトイプードルがキャンキャン吠えながら足元にまとわりついてきます。シッシッ、といっても離れません。昼間から門を閉ざすだけでなく、番犬までおくほど用心しなきゃならないなんて、この寺にはどんな金銀財宝が眠っているのでしょう。

犬の声を聞きつけ、玄関から住職らしき人が顔を出しました。牛供養塔《うしくようとう》を見に来たと告げると、そこにあるからすぐわかる、と無愛想にお墓のほうを指さします。ところで犬をどうにかしてくれ、と頼もうとしたら、番犬としての役目を終えたと判断したのか、いつのまにか消えていました。

お墓の一番手前に、本日の私のお目当て、牛供養塔がありました。塔といっても、実物は大きめの墓石です。いまあるのは一八二八年に建て直したものですが、最初は一七三八年にこの門前の車町で牛屋をやってた者たちが建てたそうです。

江戸時代、このあたりは江戸の町で使われた牛車の基地として知られていました。最盛期には六〇〇頭もの牛が飼われていたということで、正式な町名は車町だったのに、みんな牛町だの牛の尻だのと呼んでいました。江戸時代の地図にも、俗称である牛町と書かれているものが多かったくらいです。

ところで供養塔のそばには、羊の石像が二体あります。牛だけでなく羊も供養してたのか？　せっかく来たついでなので、玄関に行って、再度住職を呼び出します。まだいたのか、とでもいいたげな迷惑顔をしているのをかまわず、ジャーナリスト魂で取材を続行しました。羊の像は、先代が満州に行ってたときに気に入って持ち帰ったもので、寺の由来とは無関係なのだそうです。ということなので、これから行く人は、いちいち羊の由来をたずねてご住職をわずらわせないようにね。お忙しいところ失礼いたしました。

＊

もともと江戸には、牛はあまりいなかったようなんです。牛を農耕に使ってたのも、おもに西日本でした。どういうわけか東日本では、牛はあまり使われなかったのです。

この理由については民俗学者が諸説出してますが、どれもこじつけっぽくてピンと来ません。

では、江戸の牛はどっから来たかといいますと、はるばる京都から来たんです。一六三四年から一六三九年にかけて、芝の増上寺と江戸城の牛込見附の工事が行われました。その工事の資材運搬用に、京都から牛屋と牛をわざわざ呼び寄せたところから、本格的な江戸の牛の歴史がはじまります。

牛車の本場は京都でした。江戸時代に出版された京都の名所図会には、牛車を何台も連ねて荷を運ぶ様子が描かれたものがあります。京都と大津を結ぶ街道の一部区間は、牛車が通りやすいように、道を石板で簡易舗装してたといいます。

＊

東京のＪＲ飯田橋駅西口を出てすぐのところに、牛込《うしごめ》見附の石垣が、一部残されています。牛込というのは、現在のＪＲ飯田橋駅から東新宿あたりまでの古い地域名です。戦前は牛込区というれっきとした区名でしたが、現在では牛込という地名はなくなりました。地下鉄駅や郵便局、中学校などの名前にのみ、残されています。

牛がいたから牛込って地名なんだろ、って雑学マニアなら豆知識を披露してくれるはず。たしかに牛込の地名は、この地に牧場があったことに由来してますが、それは古代から中世のころの話です。あった、という記録はあるものの、詳しい場所やどのくらいの期間存在したかなどは、はっきりしないようです。少なくとも江戸時代初期には、牧場はすでになかったのです。

江戸初期には牛込は農地でしたが、さっきもいったように、東日本では農耕に牛を使う習慣がなかったので、牛はそんなにいなかったはずです。その後、牛込には武家屋敷などが建ち並ぶようになったので、さらに牛とは縁のない地域になりました。じゃあ江戸時代の牛はどこにいたかというと、ほとんどが、さっきお話しした現・港区の牛町（車町）にいたんです。なぜか？　牛車による運送業は、牛町にある牛屋たちの独占業務だったからです。

牛込見附工事の終了後、幕府がその功績に報いるため、牛屋たちに芝高輪の土地を与えて車町としました。なおかつ江戸での牛車独占営業権も与えたのでした。京都の牛屋さん、ずいぶんと幕府に気に入られたものですね。

牛屋稼業は右肩上がりに業績を伸ばしました……って少数の牛屋が江戸市中すべての業務を独占してたんだから当然ですね。一七〇〇年ごろの牛町には、牛持が三〇人、牛が六〇〇頭もいる繁盛ぶり。それに加えて、一六六〇年前後に発明された、人がひく小型の大八車もぐんぐん台数を増やしていきました。江戸のそこかしこで、牛車と大八車が忙しく走り回る光景が見られたことでしょう。

＊

歴史は繰り返す。いい古された言葉です。それをひとつの真理として認めた上で、私はあえて異論を唱えます。歴史はつねに一回きりです。繰り返すことはありません。しかし、何百、何千年も前から人間はいいかげんなままで進歩してないから、おんなじことを性懲《しょうこ》りもなく何度もやってしまう。それで結果として歴史が繰り返したように見える。繰り返すのは、歴史という枠組みではなく、人間の行動のほうなのです。これが私の提唱する「人間いいかげん史観」です。

老人にありがちな、「現代人の道徳観や公共心は衰退した、むかしの人は立派だった。むかしはよかった」という人間観や歴史観は、百パーセントまちがいだと断言できます。人間は――少なくともこの四～五〇〇年くらいのあいだ、退化も進歩もしてきません。そのくらいの期間では、人間の本質が変わることはないのです。むかしもいまも変わらず、いいかげんでダメでだらしない存在なのです。

遠藤元男さんは、江戸時代の御触書に、牛車や大八車の通行に関するものが繰り返し出てくることを指摘しています。江戸の御触書は本にまとめられていて簡単に読めるので、確認してみました。そこから読みとれるのは、法律を無視し続ける倫理観のない町人たちと、彼らを取り締まろうとする幕府の役人たちとのいたちごっこです。役人は次第に怒りをつのらせていき、ついには爆発します。

一六五五年の、牛や馬を橋の上で休憩させると通行のジャマだからやめなさい、というお触れからはじまり、その後も、大八車に荷を積み過ぎると崩れて危険だからやめなさいなど、交通ルールやマナーを守りましょう、みたいなお触れがたびたび出されます。

で、江戸の連中はお上のありがたいお言葉に神妙に従ったのでしょうか。全然。江戸時代の庶民は、お上のいうことなんて聞きゃあしなかったんです。

実際のところ、荷車をひく連中はかなり乱暴だったようで、牛車や大八車が増えるにつれ、人身事故のみならず、橋の欄干をぶっ壊すなどの物損事故も頻繁に起こりました。

牛車が大活躍していた一七〇七年八月に出された御触書にはこんなことが書かれています。

〝牛車や大八車を走らせるときは、それをひく者の他に、周囲の安全を確認する監督者（宰領）をつけろと前々から申しつけてるのに、守らないヤツがいて、事故でケガする者さえいると聞く。不届きである。今後はルールを守れ。また、通行のジャマになるから牛車は一度に二台までしかひいちゃいかんと申してるのに、これまた守らないヤツがいる。不届きである。ルールをきちんと守れ〟

その一年後の御触書。

〝牛車には監督つけなさい、狭い路地で牛を休ませるとジャマになるからやめなさい、と前々から何度も申しつけてきた。なのに、守らないヤツがいる。不届きである。今後はルールを守れ〟

数年ごとに似たようなお触れが繰り返し出され、そのたびにちょっとずつ言葉がきつくなります。「何度も何度もいってるのに、なんであんたたちは、わかんないのっ！　お母さんもう知りませんよ！」と悪ガキを叱ってるようにも思えます。江戸の町は、道徳心のカケラもない不届きなヤツだらけだったのです。

まあでも、当時の業者の立場もわからんでもない。牛車をひく者の他に監督つけたら、余分な人件費がかかるわけで、そんなコストがかかるルールなんて、守るわけがありません。企業が安全より儲けを重視する姿勢も、数百年前から変わっていないんです。

そしてついに一七一六年、その日がやってきます。怒り心頭に発したお母さん――じゃなくて幕府が、交通犯罪への厳罰化を断行したのです。

〝これまでは事故を起こしても過失とみなして処罰しなかったが、ルールもマナーも守らない連中があまりに多く、事故が減る気配がない。よって今後は、過失であっても事故を起こした者は島流しや、もっと重い罪に問うから覚悟しろ！〟

幕府のみなさん、もう完全にブチ切れてます。その後、実際に牛車でこどもを引っかけて大けがさせたり死なせたりした者たちが、島流しや死刑になったという記録が残ってます。

ていうか、ちょっと待ってくださいよ、それまでは事故起こしても罪には問われなかったの？

交通ルールやマナーを守れよ不届き者ども、と良心に呼びかけるだけで、罰則がなかったということのほうが驚きです。性善説にもほどがあります。罰則がなきゃ、聞く耳持ちませんよ。

これによって、江戸の町の交通安全が守られるようになった、といいたいところですが、一〇〇年以上あとの一八〇〇年代の御触書にも、牛車や大八車をひく者が通行人をよけもせずわがまま放題に走り回ってけしからん、ってのがまだあるんです。

そういえば現代でも、ひき逃げを厳罰化したのにいっこうにひき逃げは減る気配を見せない、なんて事実があるんです。厳罰化による犯罪抑止は、ある一定程度までは効果を発揮しますが、期待しすぎるのは禁物です。罰を重くすると、逆に、罪の発覚をおそれるあまり逃げようって心理がはたらいてしまいますから。罪と罰のバランスをどこでとるべきか。それは法律を研究する者たちにとって、永遠の課題です。

＊

一七〇〇年ごろには急成長を続けていたかに見えた江戸の牛車稼業ですが、一七三三年の記録では、牛持ち七人、牛二五〇頭と、急激に規模が縮小しています。なぜ牛バブルははじけてしまったのでしょう。

研究者のあいだではいろいろな理由がささやかれてますが、どうやら江戸の地理・地形が、牛には不向きだったというのが、最大の敗因のようです。人がひく大八車のほうが使い勝手がよいことがわかり、次第に大八車に仕事を取られてしまったのです。

まっすぐで広い通りが多い京都や大坂に比べ、江戸の町は細くて曲がった道が多いので、小回りのきく大八車のほうが有利です。

土の質にも難がありました。江戸の地面を覆っているのは、いわゆる赤土。乾燥すると細かい砂ほこりが舞います。風の強い町として知られていた江戸では、外出すると顔や体が砂だらけになったのです。雨が降ったら降ったで、赤土は、ねちゃねちゃした泥へと姿を変えます。熊井保さんによると、こうなると牛車は泥にはまってしまい、身動きがとれなくなってしまうのだそうです。だからなんと雨の日は、牛車は休業してました。

冗談じゃないですよね。独占業務だから、運ぶものがあるときは事前に牛屋に予約しとかないといけない上に、けっこう高い料金取ってました。なのに、雨が降ったから休みだなんて、仕事を依頼した商人からしたら、雨だから商品運べないってんじゃ、こちとら商売あがったりだ、べらぼうめ！　って怒りたくもなります。

大八車も、いまの自動車みたいに、お上に届け出て登録しないといけなかったのですが、それでも大きな商家なら一台持っといて、必要なときに店の若い衆にひかせるなんて使いかたができます。大八車のほうが便利でお得だと、みんな気づいてしまったようです。

そんなこんなで江戸の町では、次第に大八車が牛車の仕事を奪い、主役の座に着きました。またしても、江戸の町から牛の姿が消えていくのですが、明治維新によって、再度東京に牛が戻ってきます。独占営業権が廃止され、自由に牛車が使えるようになったことも一因ですが、今度は用途も品種もまったく別の牛――乳牛が東京中にお目見えするのです。

## 明治から現在まで

明治天皇が健康のため牛乳を毎日飲んでいることが伝えられると、にわかに健康食品としての牛乳に注目が集まります。明治になって禄《ろく》を失い転職を迫られた武士などが、この新商売に目をつけました。

明治六年、東京市内で搾乳のために牛を飼うことが許可されると、芝、牛込、神田、本所などで乳牛が飼われ始めます。その名の由来に反して、長いこと牛の姿がなかった牛込に、ようやく牛が戻ってきました。

火事はどこだ、牛込だ。牛の金玉丸焼けだ――昭和初期、東京のこどもたちのあいだで、こんな歌が流行っていました。由紀さおり・安田祥子姉妹が歌う健全な唱歌を聴きたがるのは、お年寄りだけ。こどもは、いつの時代も不埒《ふらち》でオゲレツなものが大好物なのです。

母方の先祖が明治の東京でいち早く搾乳業を始めたという黒川鍾信《あつのぶ》さんによれば、牛舎には乾燥したワラが敷き詰めてあったので、ちょっとした火の不始末や不審火で火が燃え広がってしまったのだとか。派手な事例が目立ったので、あたかも牛込に火事が多いようなイメージが作り上げられてしまったのでしょう。

旧牛込区民の名誉回復に一役買いましょう。昭和九年の火災統計では、東京市内で火事が多かったのは本所区・荒川区・浅草区の順。牛込区でとくに火事が多かったわけではありません（朝日一九三五・三・二六）。

太平洋戦争前までは、東京市内にも、まだ乳を搾るための牛を飼っている小さな牧場が点在していました。しかし、牧場の郊外移転は明治末期からすでに始まっていました。

明治維新後、東京は急速に発展し宅地も広がります。当初は東京のど真ん中で牛を飼い、絞りたての牛乳を近所に売る地産地消の商売ができましたが、住宅が増えるにつれ、臭い汚い不衛生と、苦情の声が高まります。おまえらのほうが牧場の近所にあとから引っ越してきたクセに、って正論が通らないのが、世の中のつねなのです。

明治三三年、東京市内での牛の飼育が禁じられ、多くの牧場が多摩・足立・豊島といった郊外へ移転します。当時の東京市はまだ一五区しかなく、現在の新宿・池袋は市外でしたから、そのあたりに移転することも可能でした。いまの発展ぶりからすると想像できませんけど、戦前までの豊島区は、牧場がたくさんあることで有名だったんです。

昭和二年にも再度移転命令が出され、牧場はさらに郊外へと押しやられます。都会で牛と人が共存できたのどかな時代は、このころもう終わりを迎えていたのです（牛だからモー終わったとかいうギャグではありません）。

昭和二年六月時点で、東京で牧場の多い地域は芝（六六）、寺島（六〇）、新宿（五二）、北豊島（四一）となっています（朝日一九二七・六・一二）。

まてよ？　牛込は東京市発足時から市内でしたから、牧場は結構早い段階で移転を迫られていたはずですよね。てことは昭和初期の牛込には、牛も火事もそれほど多くなかったことになります。じゃあ、牛の金玉焼けた歌は、いったいいつの時代のイメージだったのでしょうか。ていうか、よくよく考えてみれば、乳をしぼるための牛はメスだから、金玉ついてるわけがありません。牛込の歌に歌われた牛は、運送用の雄牛だったのか……？

＊

二〇一〇年現在、東京二三区内唯一（離島は除く）の牧場、練馬区の小泉牧場を訪れてみました。西武池袋線大泉学園駅から一〇分ほど歩くと、住宅街の一角に忽然と牧場が現れます。地図で事前に場所は確認はしてましたが、近くまで来てようやく、あっ、ここなのか、と気づいたくらいに地味な存在です。クルマで前の道を通っただけでは、牧場があることすらわからないかもしれません。

住宅街に牛なんかがいて、においはだいじょうぶなんだろうかと心配しましたが、近くに行くまでわからなかったし、牧場内でもほとんど気になりません。私が訪れたのは一一月だったので、真夏ならもう少しニオうのかもしれませんが、そうとう衛生管理に気をつかっているのだとわかります。牛はめったに鳴かないようだし、しぼった乳の冷蔵設備が発する音がややうるさいかなと感じるくらいで、これなら住宅街で共存できているのもうなずけます。しつけが悪くてムダ吠えする犬を飼ってるうちのほうが、よっぽど近所迷惑です。

おりからの口蹄疫《こうていえき》騒ぎもあって、アポなしでの訪問では牛舎にまで入れませんでしたけど、牧場の人にちょっと話を聞けました。昭和一〇年にこの地に移転して、いまでも四〇頭ほどの牛を飼っているとのこと。都区内で四〇頭もの牛がいるだなんて、信じられません。まあ、商売として成り立たせるには、そのくらいの規模は必要なのでしょうけど。

ひとつ残念だったのは、ここでは牛乳は販売してないことです。絞りたての牛乳が都内で飲めるのかと期待してたもので、ちょっとがっかりしましたが、それでも、江戸から続く東京の牛、その最後の一端を確認できて満足でした。もしも将来、この牧場が移転や廃業するときが来たら、そのときこそが東京の牛文化の最後となるのでしょう。

第八章

# 疑惑のニオイ

木枯らしが吹くころになると、乾燥した唇がパックリ割れて流血するので、リップクリームが欠かせません。毎年、メンタームの定番商品、緑の筒の安いやつを使ってしのいできました。

今年も同じのを買うべくドラッグストアに行きましたら、メンソレータムのちょっと高級なのを発見したんです。定番の倍以上の値札がついてますが、それでも値段の差は数百円。どれだけ効き目に違いがあるのか。数百円でどんなしあわせが買えるのか。ためしに、スーッとするメントールが入ってない無香料タイプを購入することにしました。

使ってみると、なるほど塗りやすい。定番のは、寒い時期にはろうそくみたくカチカチになっちゃって、力任せに塗ると、勢い余って歯にガツッとこすりつけちゃうこともありましたが、さすがに高級品はなめらかです。これが数百円の小さなぜいたくか、と納得していたある日、ふとリップクリームを鼻先に近づけて驚きました。オヤジくさい。

自分が中年になったことを自覚した例でよく引きあいに出されるのは、枕がオヤジと同じニオイがするようになった、ってエピソードですが、私はリップクリームで自覚させられました。そして、リップクリームにメントールが配合されていることには、ニオイ消しという意味があったことも、はじめて知りました。

## まずいコーヒーを飲んでるのは誰だ

気にしなければ気にならないけど、気になりだすと気になって仕方がないのが、ニオイです。

エスプレッソやカフェラテは好きなのですが、機械の手入れがめんどうなので、家ではもっぱらペーパーフィルターでコーヒーを淹れてます。

ただ、なんか淹れたコーヒーが紙くさいような気が、ずっとしてたんです。私は特段、コーヒーにこだわりがあるわけじゃありません。紙くささも、気にしなければ気にならないレベルなんで、見て見ぬふり、ならぬ、嗅いで嗅がぬふりを続けてきました。

あるときふと思い立ってネットで検索してみたら、コーヒーのプロのかたが解決法を示されてました。ドリッパーにペーパーフィルターを置いたら、コーヒーの粉を入れる前に、お湯だけかけて湯通しすればいいとのこと。やってみると、なるほど、効果があるような……気のせいのような……いや、紙くささが弱まったのはたしかです。

いやあ、なんにでも解決法はあるものだ、あきらめたり知らんぷりはいかんなあ、と反省していたら、これがネットのおもしろいところで、どんなことにも、正反対の意見がみつかるんです。進化論や地動説を真っ向から否定する主張だってネットには存在するのだから、もちろん、フィルターの湯通しに反対する一派も存在します。

反対派は、ペーパーフィルターを湯通しすると味が変わるといいます。ええ〜？　微妙な差ですよ。仮に微妙にマズくなってるにせよ、紙くささが弱まるメリットのほうが、はるかに大きいと私は思います。

嗅覚や味覚の研究者のあいだでは常識ですが、われわれが〝味〟と思ってる感覚は、じつはかなりにおいに左右されているのです。

テレビの『めちゃイケ』で、目を閉じ、鼻をふさいだ状態でなにを食べたか当てるゲームをやってましたけど、なかなか当たらず、いつも罰として氷水の中に突き落とされます。あれ、ウケ狙いでなく、たぶん真剣にやってます。

科学者のモーゼルさんたちが一九六九年に、同様の実験をしてるんです（罰ゲームはなかったけど）。それによると、鼻をふさがない状態で六〇パーセントの正答率だったのが、鼻をふさぐと一〇パーセントにまで低下しました。においが嗅げる状態では九割以上の被験者がいい当てたコーヒーとチョコレートも、鼻をふさぐと正答率は急降下してしまいます。それほどまでに、味の判別には、味覚より嗅覚のほうが支配的だということです。

＊

じつは、ペーパーフィルターのニオイなんか吹き飛ぶくらいの重大な問題を、日本の喫茶文化は抱えています。コーヒーフレッシュなる、おそらく日本独自の食品の存在です。入れるとコーヒーが確実にまずくなる魔法のポーション。

これなんなのか調べたら、植物油をミルクのように白くしたものだそうです。ああ、どうりで奇妙な風味がするわけです。

コーヒーフレッシュは健康に悪い、と敬遠する人もいるようですが、それは取り越し苦労でしょう。何リットルも飲むわけじゃなし、一日に二、三個使ったぐらいで病気になるほどの毒性があるとは、とうてい思えません。

食べ物を、なんでもカラダにいいか悪いかで選ぶ人がいますけど、私はそういう健康オタクではありません。タバコを吸わないのは、カラダに悪いからじゃなくて、メシがまずくなるのがイヤだからです。マリファナをやらないのは、マリファナを吸うことで進歩的な自由人を気取ってる連中が嫌いだからです。

街を歩いていて、むかしながらの本格的な喫茶店の前を通ると、ついつい入ってしまいます。そういう店でコーヒーを頼むと、ちっちゃいミルクピッチャーに入った生クリームがついてきます。

これですよ、これ。どばどば入れるのは野暮ですよ。ちょっとたらせば苦みがほどよく抑えられ、コーヒーの香りに、濃縮されたミルクの香りが付き添ってきます。苦みが減る分、ブレンドによっては酸味が強調されちゃうこともあるけれど、コーヒーフレッシュ入れるよりは絶対マシ。

コーヒーフレッシュを平気で出しといて、〝こだわりのコーヒー〟なんて看板掲げてる喫茶店は信用できません。常温で長期保存がきく安あがりなコーヒーフレッシュを使い、味をごまかしてコストを優先するような店は、きっと税金とかもごまかしてるにちがいないんです（未確認）。

そんなの好みの問題だ、コーヒーフレッシュのほうがクリームより好きだ、という人も少なからずいることでしょう。そちらのご意見にも一理あることを認めます。って、なんだよ、たったいまマズいとかごまかしとか決めつけてたクセにぶれまくりやがって？　まあまあ。そのあたりの理由を文化史的に解き明かすのが今回のテーマなんですから。文化史的な論証を用いれば科学者のウソまで暴けちゃうかもよ、という、いままでにない試みなので、あせらずにおつきあいのほどを。

日本人には乳製品の香りを嫌う人、苦手な人が、みなさんが考えてる以上に多いんです。パンにつけるのもバターよりマーガリンのほうがいいって人がかなりいるんじゃないですか。バターの代用品としてしかたなく使うのでなく、マーガリンを積極的に選んでる人。そういう人は、バターの香りより、植物油の香りのほうがいいと本気で思ってるんです。

その事実をふまえれば、コーヒーの苦みを抑え、かつ、ミルクの香りをつけずに植物油の妙ちきりんな（とアンチコーヒーフレッシュ派は感じる）風味をつける、コーヒーフレッシュを好む日本人が多いとしても、不思議ではありません。

## 日本人は牛乳が嫌い？

でも牛乳を嫌いな人ってそんなに多いかな、と思いました？　給食で牛乳を飲む機会の多い、一〇代の若者を対象にした調査では、およそ五〇から六〇パーセントが牛乳を好きと回答しています。嫌いと答えるのは一五から二〇パーセント。残りは、どちらでもない。

この結果からすると、日本人に牛乳嫌いはそんなにいないように見えますが、一方で、中学を卒業したとたん牛乳を飲まなくなる率が跳ね上がるという調査結果に、牛乳メーカーの組合がおののき、啓蒙活動で消費を伸ばそうと奮闘してるのも事実です。アンケート調査って、コワいんですよ。牛乳は好きか嫌いか、とだけ聞かれれば、イエスと答える人は多い。でもこれは、純粋に牛乳という存在だけを想定した回答なんです。現実の人生における選択は絶対的でなく、つねに相対的です。牛乳の他にも飲み物の選択肢はたくさんあります。魅力的なライバルがひしめく中で、牛乳をあえて選ぶかとなると、自ずと答は変わってきます。

ワタシ、田舎でイケメンの彼氏とつきあってたの！　高校卒業後、彼は地元で就職、ワタシは東京の大学に進学することに。離れても二人の愛は永遠よ、って夕日に誓って上京したのに、なんてこと、東京にはもっと魅力的な男性が、ごろごろころがってるじゃない！　イケメンだと思ってた田舎の彼は、全国区では二次予選敗退レベルだったのね。あんなイモ男はさっさと忘れて、東京で新たな恋を始めるの。ワタシ、人生に前向き！

牛乳メーカーのみなさん、消費者はこの移り気な少女と同じなのです。現実を直視してください。本当に牛乳が好きなら、中学卒業後も飲み続けるはずですが、飲まなくなるってことは、じつはたいして好きではなかったってことです。中学までは給食で出るから、惰性でほぼ毎日飲んでるだけなんです。

＊

牛乳のうんちくを語る書物を読むと、日本人は万葉の時代から牛乳を飲んできた。だから牛乳は日本伝統の食文化である、みたいな記述がたいていあります。

でも注意深く読みますと、日本人にとっての牛乳は、つねに薬品か健康食品としての位置づけだったのです。牛乳をおいしい嗜好品として言及している例は、万葉から現在に至るまでほとんどない。いうなれば、むかしの日本人にとっての牛乳は、青汁やノニジュースのような存在だったわけで、それを日本古来の食文化とする記述には、ちょっと違和感をおぼえます。

私が知る中で、日本人と牛乳の関わりをもっとも丹念に調べ上げている本は、吉田豊さんの『牛乳と日本人』です。そこで紹介されている例でも、日本人で牛乳をおいしいから飲んでいたというのは非常にまれです。

日本の歴史上の人物でただひとり、牛乳をおいしいとがぶ飲みしていたのが、水戸烈公こと、徳川斉昭《なりあき》。毎日五合（約九〇〇ミリリットル）飲んでたらしいですから、たいしたハマリようです。

殿様ですから、口に入れるものはすべて毒味しなければなりません。しかし牛乳だけはみんな嫌がりました。しかたなく侍医の竹庵が、目を閉じ鼻をつまんで一気に飲み、すぐに塩水でうがいしてたといいます。そこまでイヤ？　どうも私には、食のタブーとかいう問題じゃなく、やっぱり乳の風味そのものが、日本人と相性が悪かったのだとしか思えません。

安土桃山から江戸時代にかけて日本に来た外国の宣教師らも、日本人は牛乳を嫌って飲まないと、手紙に書き残しています。幕末にペリーに招かれて食事をした役人や、アメリカに渡った使節たちも、バターは臭くて食べられないと一様にこぼしてます。

江戸時代までの日本ではおおっぴらには禁じられていた肉食も、農村などではわりと普通に行われていたといいます。武具などの素材として牛革が使われていたのだから、革をとったあと、残りは捨てたとは考えにくい。絶対、肉を食べてたはずです。

牛乳のタブーは肉よりもゆるかったのだから、飲もうと思えば飲めたはず。なのに積極的に飲まなかったってことは、やはり伝統的に日本人は乳製品の風味が嫌いなのだ、と解釈したほうが、私には納得がいきます。

明治から戦前昭和の新聞には、牛乳の広告がたくさん載ってます。そのほとんどが、健康、栄養、滋養強壮を売り文句にしています。昭和一二年ごろから興真牛乳が使っていた広告コピー「こいィ・おいしい・あたらしい」は、牛乳のおいしさを宣伝した数少ない例といえます。

ちなみに、日本人がこぞっておいしいと絶賛した最初の乳製品は、アイスクリームでした。

＊

だったら、なぜ現代の日本人は、牛乳を平気で飲むようになったのか。それを「食文化の西洋化」のひとことで片づけるのは早計です。そこには、牛乳の風味の変化と、日本人の嗅覚の問題が関わっているからです。

ところで、かく申す私ですが、カフェラテのように、なにかに混ぜるカタチでなら、少量ですがかなりの頻度で牛乳を摂取しています。でも牛乳をそのまま飲む習慣はありません。とりわけ日本では、まったくといっていいくらい、そのまま牛乳を飲む気にはなれません。

なぜなら、臭いから。日本の牛乳は、とくに臭いから。

＊

学校給食の牛乳に関する二〇〇九年の調査では、牛乳を飲みのこした中学生に、その理由をたずねています。

「牛乳はもともと嫌い」が一番多くて二九・二パーセント。以下、二〇パーセント台で「おいしくない」「食事に合わない」「においが嫌い」「後味が悪い」と続きます。

この最後の二つ、においと後味が悪い、には私も賛成票を投じましょう。

牛乳は臭くてまずいから飲めないという少数派のきみたちこそが、ホンモノのグルメになる資格があります。それ以外の味オンチなガキどもは、オトナになっても食べログに通ぶったレビューを書かないでくださいね。

日本の牛乳が臭い原因は、とっくのむかしに明らかにされてます。業界の人たちも食品関連の科学者も、みなさんご存じです。なのにみなさん、「嗅いで嗅がぬふり」をなさってらっしゃる。指摘されても、「それは好みの問題だから」の一点張りで突っぱねる。

その原因とは、殺菌法です。世界中で行われている牛乳の殺菌法はおもに三種類。

低温長時間殺菌（六三から六五度で三〇分以上）

高温短時間殺菌（七二から七八度で一五秒以上）

超高温瞬間殺菌（一二〇から一五〇度で一から三秒）

国によって、どれが主流かは異なります。日本では九四パーセントくらいが超高温瞬間殺菌です。海外では、だいたいが高温か超高温かでわかれます。低温殺菌は海外でも少数派です。

で、この超高温瞬間殺菌法こそが、牛乳を臭くしているのです。生乳を八〇度以上に熱すると、短時間の加熱でも、加熱臭といわれるニオイが発生するとされます。デパートで北海道物産展をやってたとき、八五度殺菌という珍しい牛乳を売ってたので飲んでみたら、そこらで売ってる牛乳と同じニオイがしてがっかりしました。

つまりニオイに関しては、低温・高温がセーフ、超高温だけアウトなんです。

なお、低温長時間殺菌牛乳とか書くといちいち長ったらしいんで、以下、低温乳、高温乳、超高温乳と略すことにします。これは本書独自の略語で、一般には使われていないことをお含みおきください。

## 低温殺菌論争の真実

たぶんここまでお読みになって、早くも私のことを、自然志向の消費者団体の回し者と決めつけ、とっちめてやろうといきり立っている科学者がいらっしゃることでしょう。クドいようですけど、私は自然食品なんか買ったことないし、グルメでもありません。何時間も行列に並んでラーメン食べるくらいなら、カップラーメン食べます。ネットでスイーツのお取り寄せなんてのも、したことありません。おやつはどこでも買えるかっぱえびせんでじゅうぶんです。

ですから、ツイッターで私の悪口をつぶやくのは、いましばらくガマンしてもらえますか。私は消費者団体の回し者でもメーカーの御用学者でもありません。その証拠に、両者それぞれのいいぶんにまちがいがあることを、歴史と科学と統計を用いて公平に指摘してさしあげますので、文句や反論はすべて読んでからにしてくださいね。

さて、牛乳メーカーや牛乳愛好家のあいだではおなじみの話ですが、低温殺菌牛乳の賛否をめぐる論争は長いこと続いています。どれくらい長いかというと、そうですね、昭和四年ごろからかな――ほら、いま、業界関係者や科学者の中にも、ええっ、と目を見開いた人がいましたね。私が読んだ範囲では、この事実を書いている牛乳のうんちく本はありませんでした。

話を進める前に、現在の対立の図式とおもな主張を整理しておきましょう。

支持派（消費者団体、中小牛乳メーカー）——低温乳のほうが栄養価が高いんじゃ。超高温乳は、搾った生乳を数日から一週間かけて工場に集めてから殺菌してるらしいのう。そんなんで新鮮といえるんか。製造コストは高くなるが、低温乳のほうが風味もいいんじゃ、ボケ！

反対派（大手牛乳メーカー、食品関連科学者）——殺菌法による栄養価の差はないっちゅうねん。低温乳は完全に滅菌できねえから、安全性に問題があるんじゃい。風味は個人の好みの問題にすぎないっちゅうねん。超高温乳は製造コストが格段に安いから庶民の味方なんじゃ、ボケ、カス！

（※両者とも、架空の方言による主張です）

見事な泥仕合です。これらの論点のいくつかは、昭和初期からすでに論争となっており、八〇年ほども繰り返されているのです。文化史は人間くさくて、おもしろいですね。

＊

まずは風味以外の論点を片づけちゃいましょう。まずは栄養価の問題。これはさまざまな検証により、殺菌法による差がないことが証明されていて、私もそれを支持します。

数年前に話題となった新説についても真偽を確認しておきましょう。牛乳をたくさん飲む国ほど骨粗鬆症患者が多いから、牛乳を飲んではいけないという、常識破りの新説が発表されたのです。もちろん牛乳メーカーはモー反発、いえ、猛反発（やかましい?:）。

臨床医学の専門家じゃなくても、ちょっと統計を学んだ者なら、ずいぶんとざっくりした因果関係だなあと感じるはず。国や地域の消費量と患者数を安易に関連づけてもいいんですね? だったら、せっかくですから乗っかって、同じ手法で日本のデータを検証してみましょうか。

平成一六年全国消費実態調査報告によると、日本でもっとも牛乳を買わないのは、北海道民（意外?）と沖縄県民でした。平成一七年患者調査で、骨粗鬆症の受療率（一〇万人あたりの患者数）を見ますと、沖縄は最低ですが北海道はかなり上位に位置してます。

てことは、牛乳を飲む飲まないと、骨粗鬆症になるならないは、少なくとも日本国内においては、なんの関連もないことが証明されてしまいました。あっ、そんなこというと今度は、骨粗鬆症の予防に牛乳を飲みましょうと宣伝してる牛乳メーカーから猛反発？

＊

次に安全性の問題。これに関しては、それぞれの立場による認識の差が大きいので、ミゾができてしまいがちです。安全性というものは、実際に運用した結果から判断しなければいけないんです。研究室で考えた純粋な理論がすべての学者と、結果に責任を負わねばならない現場の人間との認識には、根本的に相容れないものがあります。

低温殺菌だと菌を百パーセント死滅できないから危険、というのは、現実ばなれした過剰な要求です。それこそ、農薬はすべて害だから百パー使うなと決めつける無農薬野菜信者の論法といっしょです。

きちんと低温乳を作っている工場では、殺菌前の生乳を検査して熱耐性菌の有無をチェックしていますし、それによって実用上問題のない安全性を確保できてます。

食品の安全は、百パー無菌にこだわる必要などありません。危険な菌さえ排除できればいいんです。もしも食品についた雑菌まで百パー死滅させなきゃダメとなったら、刺身は食べられなくなってしまいます。

現実の結果から牛乳の安全性を検証しましょう。乳製品（牛乳を含む）が原因の食中毒はとても珍しく、過去一五年間でたったの二六件。二〇〇〇年に雪印がやらかした、数千人規模の被害者を出したどえらい一件を除けば、かなり優秀な数字といえます。魚介類が原因の食中毒なんて、毎年一〇〇件くらいありますから。

ただし、食中毒にまで到らなかった未遂まで含めるともう少し多い。ヘンな味やニオイがするという消費者からの通報や、出荷後の検査で菌が検出されたことで、いったん出荷した牛乳が回収騒ぎとなることは、たびたび起こってます。

新聞記事から「牛乳・回収・菌」で検索しただけでも、過去二十数年で四〇件くらいひっかかります。しかし記事からわかるかぎりでは、低温乳が回収された例は、そのうち二件ほど。回収騒ぎのほとんどは、超高温乳だったのです。おやおや？　超高温殺菌は、百パーセント菌を死滅できる安全確実な方法だと科学者が太鼓判を押してたはずなのに、なぜ事故が？

イジワルせずに種明かしをしましょう。牛乳の回収騒ぎ、および食中毒を起こした事件はほぼすべて、製造工程の人為的ミスが原因だったのです。製造ラインのどこかを洗浄し忘れていた。作業員が消毒してない手でじかに、乳が流れるバルブなどを触った。殺菌済みの乳に、誤って殺菌前の乳を混ぜてしまった。だいたいそんなところです。

つまり、殺菌法そのものが原因で事故が起きた例はないんです。低温でも超高温でも、決められた安全基準と手順をきちんと守りさえすれば、安全性になんの問題もありません。逆に、手抜きをすれば超高温殺菌法でも事故は起きてしまいます。

＊

ということで、殺菌法のちがいによって栄養にも安全性にも差は出ないことがわかりましたから、話を低温殺菌論争の歴史に戻しましょう。低温殺菌論争は、一九八〇年代半ばから始まったと思っている人が多いのですが、昭和初期と戦後まもなくにも起きています。八〇年代から現在まで続くのは、いわば第三次論争にあたります。

明治六年に乳牛飼育の許可が下りると、東京のど真ん中で牛が飼われるようになったことは、第六章でお話ししました。町中《まちなか》に搾乳用の牛がいたというのは、いまとちがって冷蔵設備がないので、搾りたてを近所に売るしかなかったからです。

当初の牛乳は無殺菌でした。一八九九年（明治三二）、アメリカで高温の蒸気を用いた殺菌法を学んで帰国した角倉賀道《すみのくらまさみち》が、安全な滅菌牛乳を売り出します。これが評判を呼び、その後三〇年ほど、日本での牛乳殺菌法のスタンダードとなるのです。

そして一九二七年（昭和二）、業界を震撼とさせた「不正牛乳事件」が起こります。この事件こそが、日本に低温殺菌法が導入されるきっかけとなったのです。

一九二七年五月、老舗の牛乳屋愛光舎——あろうことか、蒸気殺菌法を始めた角倉の店が、一大スキャンダルの火元になります。牛が炭疽病にかかっていたことを隠すために、伝染病研究所の獣医を買収し、ウソの診断書を作らせていたことが発覚。その病気の牛から搾った牛乳を販売していたことがバレたのだから、世間は大騒ぎ（朝日一九二七・五・二〇）。

それ以前から、粗悪な品質の牛乳を売る業者がいることは問題になっていました。一九二四年（大正一三）には、不良牛乳を販売したカドで検挙され、東京牛乳商組合から除名された牛乳屋が反論の新聞広告を出すなど、業界内にも遺恨を残しました。

そうした経緯があったため、警視庁はこの食品偽装事件を愛光舎だけの問題として片づけず、東京中の牛乳屋の衛生状態を徹底的に調査しました。その結果、検挙者が二三五人にのぼる事態となったのです（東京日日新聞一九二七・一〇・一）。

これを機に、牛乳の安全性に対する締め付けもきびしくなり、翌一九二八年には牛乳取締規則が改正されます。その際に、当時海外で開発されたばかりだった最新技術、低温殺菌法が奨励されたのです。なんで警視庁が低温殺菌にこだわったのかはわかりません。新しい科学技術で不正を一掃できると考えたのでしょうか。

奨励というものの、事実上の強制に近かったので、新たな設備投資を迫られる牛乳屋は、公権力による牛乳屋イジメだと不満を募らせます。

ここで最初の低温殺菌論争が起こります。警視庁の研究員は、低温乳のほうが栄養価が高く風味もいいと主張しましたが、安全性を不安視する声もありました。実際、当時はまだ冷蔵設備が普及してなかったため、低温乳による食中毒が続出してしまったのです。

従来の高温蒸気殺菌法で処理した牛乳を、低温殺菌といつわって売る偽装事件も跡を絶ちません。それを受けて一九二八年九月六日の読売新聞では、低温乳と高温乳の見分けかたがレクチャーされてます。記事では、低温乳には生乳のにおいがあるが、高温乳にはないとしています。おお、当時の日本にも、殺菌法による風味のちがいに気づいてた人はいたんですね。

いつの世にも、時代を切り開いていく人間と、あとからしがみついてくだけの人間がいます。あとからついてく能しかない人間ほど、不平不満を並べたあげくにズルをします。

その逆に、牛乳取締規則改正の混乱を商機ととらえ、時代を切り開こうとした者もいました。小児牛乳――変わった名前だけど、戦前には有名だった牛乳屋です。なにしろ大正期から戦前までの朝日・読売への広告出稿数では、興真・明治・森永を抜いてトップだったくらいです。

その小児牛乳が一九二八年一〇月に出した大きめの広告は、自信のほどをうかがわせます。

「新鮮な低温殺菌牛乳なら、真夏でも、朝配達した牛乳は夕方までだいじょうぶ。それより早く腐るなら、それは製法に問題があるのです。弊社はいち早く低温殺菌を実行し、お客様に喜ばれています……」

「純低温殺菌による生乳そのままの風味と栄養!」――こちらは森永牛乳が一九三六年(昭和一一)三月に出した新聞広告の文章です。牛乳のおいしさを宣伝する会社が少ない中で、低温乳の風味をアピールして販売攻勢に出ています。

こうして、第一次低温殺菌論争では賛成側が勝利しました。東京で主流となった低温殺菌は、全国へと波及していきます。

＊

余談ですが、不正牛乳騒動が一段落した一九二九年（昭和四）五月、警視庁は突如として「牛乳ハ健康ノ素」と大書されたポスターを三〇〇〇枚も刷り、交番などに貼り出しました。

「牛乳は冷い所におきなさい」「牛乳は配達後なるべく早くお飲みなさい」。上から目線の言葉がシャクに障りますが、どうやらこれは、警察は牛乳業界を目の敵にしているという批判を受けての、軽い罪滅ぼしみたいなものだったようです。

ところがその仏心《ほとけごころ》が仇《あだ》となります。今度は逆に「警察が公費を使って牛乳屋の提灯持ちをするとは何事か！」とねじ込んでくる連中があらわれる始末。

警視庁の衛生部長は朝日新聞の取材に対し、「あのポスターについては、なにもやましいことはないことだけは断言する。牛乳屋の提灯を持ったわけではない」とキレ気味に答えてますが、結局ポスターは回収することに（朝日一九二九・五・二六）。

世の中、なにをやっても、なにをいっても、なんかしらのケチがつくものです。つまるところは、批判が出るのは承知の上で、自分の信じる道を行くしかないってことなんですね。私はそれを歴史から学びました。

＊

牛乳に関する書物はどれも、超高温殺菌法が導入された経緯をこう説明しています。戦後の日本では、牛の衛生管理もままならず、生乳に含まれる雑菌も多かった。そのため、超高温殺菌でないと牛乳の安全性を保証することができなかったのだ……

しかし、一九五〇年（昭和二五）三月二八日読売夕刊一面下の大きな広告を目にしたとき、私はその通説を疑うようになったのです。その広告にはこう書かれていました。「完全な低温殺菌乳　森永牛乳」。戦前にも低温殺菌を売りにしていた森永が、業界大手の森永さんがですよ、戦後まもないこの時点でも低温殺菌を採用していたではありませんか。

しかも一九五一年末には、牛乳は低温殺菌にすることと決めた厚生省令すら出されています。一九五二年の『獣医畜産新報』に、低温殺菌法は我が国で最も広く応用されているところである、なんて記述があるところをあわせて考えますと、終戦から五年ほどで、牛や生乳の衛生状態は、低温殺菌でも安全性が保てるほどに回復していたことになります。

厚生省が低温殺菌を標準にしようと定めたにもかかわらず、その直後、一九五二年ごろから日本でも高温殺菌法が導入されはじめます。それからわずか数年後の一九五七年（昭和三二）には、超高温殺菌の導入を開始。なんだかこれでは、低温殺菌を勧めた厚生省の面目丸つぶれではないですか。

一九五〇年には低温殺菌でも平気なくらいの衛生状態だったんです。厚生省もそれを認めたから、翌五一年に省令を出したのでしょう。それから年月がたつにつれ、衛生状態は向上していったと考えるのが自然です。なのに六年後の五七年に、雑菌が多くてダメだから超高温殺菌にしました、っていうのは、絶対矛盾しています。高温殺菌導入からわずか数年で超高温に切り替えを急いだのも不思議な話です。いったいなぜ、殺菌法をころころ変える必要があったのでしょうか。

＊

一九五三年（昭和二八）一二月一八日の読売記事で、流れを変えたきっかけがわかりました。学校給食の脱脂粉乳をなるべく早く牛乳へ転換したいので、大量生産が可能な高温殺菌法を業界標準として認めることにしようじゃないか。そんな検討が、どうやら政府内部で行われていたようです。

新たに開発された高温殺菌法に、低温殺菌と同程度の効果があることは、海外ですでに証明済み。それまで三〇分かかっていた殺菌が一五秒で済むとなれば、画期的な進歩です。日本でもこれを導入しない手はなかろう、と。

これには牛乳メーカーも飛びついた、といいたいところですが、おかしなことに当初はメーカー側が反対するんです。記事によるとその理由は、生乳の集荷システムを全面的に見直さなければならないから、だそうです。なんかもやもやした理屈ばっかりですね。短時間で大量に処理できる高温殺菌法を導入したほうが、より多くの酪農家から集荷できそうなものですが。

このように第二次低温殺菌論争では、立場が第一次と逆転するねじれ現象が起こりました。今度は政府が高温を勧め、メーカーが低温を続けようとしたのです。が、第二次はさしたる論争にもならず、あっけなくケリがついてしまいます。そりゃ効率やコストを考えれば、高温殺菌のほうが断然、魅力的。翻意したメーカーが相次いで導入を開始。あれえ、集荷システムうんぬんって話はいずこへ？

このままで行けば、日本も海外と同様の高温殺菌が主流になっていたかもしれません。ところが超高温瞬間殺菌法が確立すると日本の牛乳メーカーは、なだれこむようにそれを採用し、いまに至るのです。

消費者団体が低温乳を支持している現在の状況からすると皮肉な話ですが、日本の牛乳メーカーが超高温殺菌を導入せざるを得なかったのは、じつは消費者運動のせいだったのです。

＊

一九五五年（昭和三〇）ごろ、主婦連は「十円牛乳運動」を大々的に展開していました。当時、大手牛乳メーカーは農家から生乳を一合四、五円で買い、一四、五円で販売していました。それを知った主婦たちは、それ高いんじゃね？　儲けすぎじゃね？　と思いました。だったら自分らで酪農家から同じ値段で生乳を仕入れて、牛乳作れば一〇円で売れるんじゃね？　と気づき、その発想を実行に移しちゃったんですから、むかしの主婦の行動力には驚きます。

でも当時の牛乳は、各家庭に配達する販売法が主流だったわけで、メーカーとしては、配達する人の人件費まで含めた価格設定をしてたはず。ならば一五円はあながち高いともいえなかったんじゃないかなあ、なんて、あと知恵で考えたりもするんですけど、まあ要するに主婦たちの狙いは、流通革命をやることにあったんです。

当初はシロウトのお遊びと高をくくってたメーカーですが、十円牛乳は予想を大きく上回る大健闘、メーカーも価格見直しを迫られます。

コストダウンを迫られた大手メーカーはどうしたか。自分らの利益を削る代わりに、酪農家からの生乳買い取り価格を一方的に引き下げたのです（朝日一九五五・二・九）。

おいおいおい。

酪農家は当然怒ります。これによって生乳の卸し先を、大手メーカーよりも高く買ってくれる十円牛乳にくら替えする酪農家が続出すると、今度はメーカー側が引き留め策として資金援助などのカネをばらまいたりします。いやあ、昭和三〇年代って、政治も企業も、エグいことばかりやってますね。

しかしさすがの主婦連も、インフレの大波を前にしては、なすすべもありません。すべての物価が上がる中で、生乳価格も上昇に転じ、十円牛乳もじょじょに値上げせざるを得なくなりました。十円牛乳なのに、売値は最終的に一六円にまで上がってしまうという看板倒れ。十円牛乳運動は健闘むなしく、数年でフェードアウトしてしまったのです。

＊

昭和三〇年代前半、日本の大手牛乳メーカーが超高温殺菌法の導入を急いだのは衛生上の問題である、とする定説は、疑惑のニオイがぷんぷんします。コストダウンを強いられた末の、経営的事情によるものと考えるほうが納得いきます。わずか二、三秒で殺菌できて、おまけに完全滅菌が可能なので賞味期限も長くできる。コストダウンを求めるメーカーにとっては救世主だったにちがいありません。

いいかえれば、消費者が安い牛乳を強く求めたために、超高温殺菌が主流になったのです。しかし安さと引き替えに、日本の牛乳の風味が大幅に変わってしまうとは、だれが予想したでしょうか。

こうして第二次低温殺菌論争は、まともな論争にすらならず、低温陣営の完敗で幕を下ろしました。

その後、学校給食で超高温乳を毎日口にした日本人たちは、これが本来の牛乳の風味なのだとカン違いしたままオトナになっていきました。そして迎えた一九八〇年代。一部の人たちが低温殺菌乳の風味のよさに再注目しはじめたときには、すでに四半世紀もののときが流れていたのでした。

## ニオイの正体

低温乳はおいしいとかいうけれど、ホントにそんなにちがうの？　疑うのはごもっとも。どうせそのまま飲まないからと、私も長いこと超高温乳ばかり買っていたので、低温乳は何年も口にしてません。過去の記憶は美化されがちです。中学生のころあこがれてた同級生にウン十年ぶりの同窓会で会うと、とんだへちゃむくれだったことに気づいたりするものです。

そこで今回あらためて、低温、高温、超高温を飲み比べてみることにしました。ところが日本では、高温乳がなかなか入手できません。ネットで調べたところ、生協にはあるらしい。生協は会員にならないと利用できないと勝手に思いこんでいたのですが、お店は普通のスーパーと同じように利用できるんですね。しかも好都合なことに、低温、高温、超高温、すべての牛乳が揃ってました。

さっそく買って帰り、紙パックの口を開けました……ん⁉　え、うそぉ。すでにこの時点で勝負がついてるんですけど。口に含むまでもありません。紙パックの口を開けてそこからニオイを嗅ぐだけで、ちがいは明らかです。低温乳と高温乳では、ほのかにミルクのにウソだと思うならやってみてください。

おいがするだけ。鼻の悪い人なら、なにもにおわないかもしれません。しかし超高温乳だけは、明らかに独特の、おなじみのあのニオイがします。

自分の感じたままを表現するなら、青臭くツンとくるニオイ。一瞬、紙パックのニオイを疑いましたけど、低温乳と高温乳も紙パックなのににおいませんから、やはりこれは超高温乳自体が発するニオイです。

飲めばなおさらはっきりします。超高温乳を口に含むとあのニオイが鼻孔を満たしてしまうので、ミルクの風味など感じられません。そのくせ、呑み下してからもいつまでも口の中にまとわりついてる感じが消えません。これが後味の悪さ。

低温乳は、ああ、バターって牛乳からできてるんだよな、と再確認できる乳脂肪の風味が主にします。乳臭さ、バタ臭さがむわっとくるんだけど、それはあっけなく消えて後味がいい。超高温乳に慣れ親しんだ人たちはこれを評して、低温乳にはコクがない、というのです。

それって「コク」なんですか？　乳脂肪分の多寡で、コクがあるないというならわかります。乳脂肪分四〇％の生クリームと二〇％のをなめて、四〇％のほうがコクがあるね、といわれたらうなずけます。麦芽をたっぷり使ったビールをコクがあると評されたら納得です。

でも、低温乳と超高温乳の栄養成分に差がないことは、他ならぬ科学者が証明してくれてる事実です。栄養分や脂肪分が同じ牛乳を比べて、コクがあるないってのは、おかしな話です。要するに、超高温乳の後味のしつこさと独特のニオイをひとことで表せる言葉がないため、コクといってしまう人が多いだけ。

エラそうなことぬかしやがって、じゃあてめえは牛乳の味を表現できるのかよ、とつっかかってくるあなたに逆に質問です。ニオイを除いて舌だけで感じる牛乳の「味」って、どんなものか説明できますか。あらためて考えると、すごく難しいことに気づくはずです。

ためしに普通の超高温乳でいいですから、鼻をつまんで口に含んでみてください。どうです？　甘い？　しょっぱい？　すっぱい？　すっぱいのは危ないですよ。傷んでますから吐き出してください。

水よりはとろみがあることはわかるけど、表現に困る味ですよね。では、鼻をつまんだ指を離してください。一気に牛乳だ！　とわかります。

そもそも牛乳は、そんなに味の濃い食品ではありません。味はほんのりとしかしないのです。牛乳の味わいのほとんどは、ニオイに支配されてるのですから。

＊

それにしても、超高温乳は明らかに異質なニオイがするのに、好みの問題ですか？　天然水にこだわったり、天ぷらやトンカツを塩で食べたりと、些細なこだわりや繊細な感性を自慢している日本のグルメのみなさんが、牛乳のニオイには無頓着なのは、信じがたいことです。イタリアから来たカフェチェーンのセガフレード・ザネッティでは、アイスカフェラテ用には低温乳を使っているのを、私は店頭で目撃しました。牛乳だってこだわれば、そうなります。

腹立たしいのは、牛乳の風味は個人の好みの問題だと平然といい切ってしまう科学者たちです。

なんて残念な人たちでしょう。そんなニセモノ科学者があふれているようでは、日本の科学界はお先真っ暗です。ホンモノの科学マインドを持った人なら、きっとこう考えるはずだから。

なぜ、好みがわかれるのだろう？

でしょ？　なぜだろうと疑問に感じるココロと、その理由を追究する態度こそが、〝科学〟の本質ではないのですか。

なぜ虫は特定のニオイを嫌うのだろう、と考えて分析した人たちが、防虫剤や蚊取り線香を発明したのです。もし、過去の科学者が全員、「虫が寄ったり寄らなかったりするのは好みの問題だろ」なんて決めつけてたら、われわれはいまだに蚊に食われ放題だったはずです。

なぜだろうと考えもせず、理由も明らかにしようとせず、好みの問題で片づけてのほほんとしてるような人は、科学者どころか、学問の世界には向いてないと思いますよ。

＊

あの超高温乳のニオイの正体は、いったいなんなのでしょう。加熱臭、とあいまいで非科学的な表現をしてる本が多いのですが、これも一般人の日常感覚とはズレがあります。たしかに加熱によって発生するニオイですが、普通の人は加熱臭といわれたら、コゲや香ばしさを連想します。でも牛乳のあのニオイはそれとはべつものです。

松原英二さん他の研究グループは、加熱法の違いによる香気成分の変化を〝科学的に〟調べました。加熱法の違いによってもっとも検出量に差が出たのが、ジメチルサルファイド（またの名をジメチルスルフィド、硫化ジメチル）でした。超高温乳からはかなり多く検出されるのに、生乳や低温乳からはほとんど検出されてないところをみると、こやつがニオイの正体、真犯人と断定して、まちがいないでしょう。

ではなぜ、超高温乳は臭いと嫌う人がいる一方で、平気な人がいるのでしょうか。考えられる仮説はふたつあります。ひとつは、ジメチルサルファイドのニオイを、何かべつのいいニオイとカン違いしている可能性。もうひとつは、ジメチルサルファイドのニオイそのものを嗅ぐことができない人がいる可能性。

*

化学薬品を扱う職業でもないかぎり、ほとんどの人が、純粋なジメチルサルファイドのニオイを嗅いだことがないはずです。化学物質の解説書やウィキペディアによると、キャベツの腐ったニオイ、口臭、イオウ臭、ミズゴケやプランクトンが発するニオイ、都市ガスにつけられたニオイ、などと、ろくでもないたとえばかりが並びます。

都市ガスは本来無臭なので、ガス漏れを感知しやすいようわざとニオイをつけてるのですが、そのニオイは各地のガス会社ごとの独自ブレンドです。おたくのガスにジメチルサルファイドがブレンドされてるとはかぎりません。引火の危険がありますから、ガス出して嗅いでみたりはしないでください。

そんな悪臭の素が、生鮮食品である牛乳に含まれていて、それを口に入れてるとは、なんて悪趣味な。そりゃま日本は自由の国ですから、どこまでくっさいモノを口に入れるかは好みの問題、個人の自由です。職場の女性同僚に「いままで口に入れたもので、一番臭くて固かったモノはなんですか」と聞くのも自由ですが、殴られたりセクハラ訴訟を起こされても責任は持ちません。

反論があるだろうことは、承知しています。たしかに超高温乳にはニオイがあるけど、キャベツの腐ったニオイとまではいえないのでは？　けっこう爽やかでいいニオイだと思うけど？

じつはさきほどのキャベツの腐ったとか都市ガスとかいうのは、ジメチルサルファイドが高濃度のときにするニオイを化学者が表現したものなのです。野菜やもっと薄められた状態でのニオイを、香料の専門家はこう表現しています。

緑茶（玉露）に含まれるニオイ。青のりのニオイ。磯のニオイ。

なんとなく、事情がわかってきました。私には、ツンと青臭くて牛乳にはあるまじきイヤなにおいでも、人によっては、それを自然で好ましいニオイと感じているのです。

これを裏づける実験があります。都甲潔さんは、同じ生乳の殺菌法だけを変えて飲んだ人がどう感じるかを調査、分析しました。その試験では、牛乳のおいしさと新鮮さに高い相関が見られたというんです。で、都甲さんは、私たち人間は生物の原点に戻り、新鮮で安全なものをおいしいと判断しているのかもしれない、などといってます。

ん？　せっかく科学的な手順に則った試験をしておきながら、その分析と結論はヘンじゃないですか？　だってその試験では、同じ生乳を殺菌法だけ変えて、テイスティングしてもらってるんです。新鮮さはすべて同じはずなのに、人によって、新鮮と感じたり新鮮でないと感じたりしたわけで、だとしたらその被験者たちは、まったくの味オンチだったたって結論になってしまいます。

私の結論はちがいます。被験者の判断を惑わせた元凶がジメチルサルファイドだったのではないかとニラんでます。超高温乳をこどものころから飲み慣れている日本人は、お茶や青のりを連想させるジメチルサルファイドを、新鮮な牛乳のニオイだと思いこんでるのです。

ジメチルサルファイド臭がない低温乳や高温乳では、バターを思わせる牛乳本来のニオイがはっきり嗅げるのですが、バターの香りは「新鮮」とは表現しません。バターのきいたクッキーやクレープを食べて、新鮮だねぇという人はいないんです。動物性の脂肪分のニオイは、どちらかというと芳醇でむわっとくるニオイだから、低温乳を飲みつけてない日本人の被験者ならそれを、なんかクセがあって新鮮でないニオイだと感じても不思議ではありません。ほら、動物性の生クリームより、植物性のコーヒーフレッシュをおいしいという日本人が少なくないのも、これと同じ現象です。

都甲さんといえば、たびたびテレビに登場し、不思議な食べ合わせを紹介してる学者としておなじみです。プリンとしょうゆでウニの味になる、とか、麦茶と牛乳でコーヒー牛乳の味になるとか、以前からいわれていたことに科学的裏付けがあることを、味覚センサーという機械で証明したかたです。

私が見た番組では、いろんな食べ合わせのうち、生クリームと塩辛をいっしょに食べるとショートケーキになる、というのだけは、タレントのみなさんが全員、これは違う、と否定してました。たぶん、塩辛の強い生臭さと生クリームの芳香が入り交じったわけわからんニオイが、味覚の方程式を狂わせたのです。都甲さんの研究は非常におもしろく意義があるものと認めますが、人間の味覚の大部分がニオイに支配されているという点をまったく考慮していない点が残念です。

なぜ超高温乳のニオイが気にならない人がいるのか、もうひとつの可能性は、ジメチルサルファイドのニオイをあまり、ほとんど、もしかしてまったく嗅げていない可能性です。

＊

突然ですが、あなたはアスパラガスを食べたあと、おしっこが臭くなりませんか？ 私はなります。こどものころから気づいてましたが、人に話すほどのことでもないと思ってました。オトナになってから母親にその話題をふったら、自分もそうだ、前から不思議だったといいました。父親にたずねると、そんなことはないといいます。

調べてみると、アスパラガスを食べたあとにおしっこが臭くなるのは、遺伝によって決まる体質的なものだとのこと（病気ではありません）。そうなる体質の人はおよそ五割ほどいます。

ところがそのニオイを嗅いでもわからない人が、かなりいるんです。だから、おしっこが臭くなる人が五割近くいるにもかかわらず、自分のその体質に気づいている人は、結果的に全体の二割程度に減ってしまうのです。

部分的嗅覚脱失という症状があります。病気やケガなどによって後天的になるケースもあるようですが、多くは遺伝的に、ある特定のニオイを嗅いでもわからない体質の人がいるんです。これは決して珍しい症状ではないようなのです。一九九五年に中央ヨーロッパと北アメリカで調査したところでは、尿のニオイを嗅いでもわからない人が四〇%、麦芽のニオイがわからない人が三六%、樟脳のニオイがわからない人が三三%いました。

＊

にわかには信じがたい数字です。四割もの人が、尿のニオイを嗅げていないんですか？　おしっこを臭いと思わないってことですよね？

それは欧米人だけの話であって、日本人の感覚はもっと繊細だ？　私の印象はまったく逆です。日本人のほうが鼻の悪い人が多い気がしてならないんですけどね。テレビ見てても、日本には慢性鼻づまりみたいな声の女性タレントや歌手がけっこういるし。

さっきのアスパラとおしっこの話も、海外ではしばしばコントや映画のネタになりますが、日本のテレビバラエティで話題にのぼったのを見たためしがありません。

ググって比べてみると（二〇一一年二月に調査）、

asparagus urine OR pee　→　三二万五〇〇〇件

アスパラガス 尿 OR おしっこ　→　二万四二〇〇件

（参考：asparagus→九五七万件　アスパラガス→三一七万件）

一〇倍以上の圧倒的な開きがあるところを見ると、やはり日本人には、アスパラおしっこ（？）のニオイを嗅げない人が多いのではないでしょうか。

だとしたら、牛乳のあのニオイ、ジメチルサルファイドを嗅げない人が大勢いたとしても不思議ではありません。超高温乳は臭くないと支持する学者や牛乳メーカーの人たちは、嗅いで嗅がぬふりをしているのかと、ずっと疑っていましたが、そうじゃなくて、本当に嗅げてないのかもしれません。

＊

どうやらわれわれの嗅覚は（そして味覚も）、かなりあてにならないようです。

あなたが見ている〝赤色〟と私が見ている〝赤色〟は、じつは違うのかもしれない、みたいな小難しい認識論を、むかしから哲学者や思想家は考えてきました。こどものころからだれもが検査してる視力でさえ、人によって見ているもの、見えているものは異なる可能性があるってことです。

ましてや、ほとんどの人が生涯、正式な検査を受けない嗅覚や味覚なんて、あてになるはずがありません。私とて例外ではないでしょう。牛乳やアスパラおしっこのニオイにはたまたま敏感ですが、他のなにかのニオイをまったく嗅げてない可能性は、じゅうぶんにあるのです。

あなたも私もみなそれぞれに、自分だけが嗅げないニオイ、味わえない味がある可能性はかなり高いのに、自分の嗅覚や味覚に根拠のない自信を持ち、あれはウマい、これはマズいとネットなどで盛んに語って星やランキングをつけてるんです。そして他人と意見が異なると、自分の味覚や嗅覚の欠落を疑いもせず、それは個人の好みだから、と結論づけてしまいます。

もしグルメレビューの信憑性・客観性を本気で高めたいのなら、いますぐ「嗅覚・味覚検定」を実施するべきです。日本人は英語検定とか漢字検定とか、検定試験が大好きじゃないですか。だったら、嗅覚と味覚の判別試験をやって、その総合成績に応じて一級、二級などと認定すればいい。

グルメサイトにレビューを書きこむとき、検定何級所持者かを明らかにすることを義務づけることで、信頼性は格段にちがってきます。世界でも類を見ない画期的な試みを、ぜひ日本から始めましょうよ。厚労省のお役人のみなさんは、嗅覚・味覚検定協会を設立して検定業務を開始すれば、新たな天下り先を確保できますよ。

その一方でこの検定が実現したら、ご自分の味オンチが明らかになってショックを受ける人も続出しそうです。悔しまぎれに、そんな検定でなにがわかる、味は舌や鼻で味わうものではない、ココロで味わうものだ、なんていい出すスピリチュアルグルメが多発しそうです。

＊

低温乳のすべてがおいしいわけではありません。低温乳は三種類しか飲んだことがありませんが、低温乳にも、おいしいのとそうでもないのがあるという意見を認めます。ただ、超高温乳は一〇種類以上口にしているはずですが、おいしいと感じたものはひとつもなかったことだけは、断言しておきます。

「おいしい牛乳」なる商品名で売られているものも、ジメチルサルファイドのにおいは確実にするんです。おいしいかどうかは個人の好みでも、ニオイがするのは紛れもない事実なのだから、「くさいけどおいしいかも牛乳」に商品名を変えたらいかがですか。

いまの提言は半分冗談としても、大手牛乳メーカーが的はずれな改良をして満足していることは否めません。マズさの最大の原因であるジメチルサルファイドを取り除くことをせず、関係ない要素を改良して、おいしさアップとかいってる。

もし、ジメチルサルファイド臭を完全に取り除いた超高温乳が開発されて、値段もこれまでのものより一〇円か二〇円高いだけなら、私はその商品を選びます。二〇円で小さなしあわせを買いますよ。

日本の牛乳メーカーは、既存の牛乳をもっと買わせることで消費を回復させようと励み、科学者たちもヘンな科学理論で後押ししてますが、ビジネスとしては戦略を誤ってるとしかいいようがありません。だいたい、好みの問題だからと決めつけて、好まない人にまで同じ商品を買えと強要すること自体、おかしいでしょ。

赤いクルマが欲しくてディーラーに行ったら、白いクルマしかなかった。店員にたずねたら、白が好きなお客様が多いので、白しか生産しないんです。安全性には問題はないから、お客様もわがままいわずに白を買ってください、っていわれてるようなものです。客の好みに合わせて製品を作るのが、ビジネスの基本ではないのですか。

第九章

# 戦前の一面広告

新聞の第一面といえば、新聞の顔。日本や世界の今後を左右する政治・経済の動向や、世間を揺るがす大事故・大事件の中から、どれをトップ記事に選ぶかで、各紙の編集姿勢が見えてきます。読売が保守寄りなら、朝日は革新寄り。日経は経済ネタ最優先で、東スポはウソ最優先。

しかし今回私が注目したのは、記事ではありません。新聞紙面を構成するものは記事だけですか？　ちがいますね。広告の存在を忘れちゃいけません。広告がないと新聞はやっていけないのだから、うがった見かたをすれば、新聞の主役は広告なのだということもできます。

朝刊一面の最下段には必ず広告欄がありまして、そこでなにを宣伝してるかといいますと、現在、朝日・読売の朝刊ではほぼ百パーセント、本か雑誌と決まってます。

出版広告の指定席なのです。しかも、出版不況が取りざたされる近年のご時世でもなお、ほとんど売れそうにない学術書の広告なんかが出るんです。

これが地方紙になりますと、そのかぎりではありません。出版広告も多いのですが、通販会社や地元企業、地方銀行がかなりの割合で広告主となってます。

＊

さっそく古新聞で過去をふり返りましょう。おおまかな結論をいうと、大正時代あたりからすでに、新聞第一面の広告は出版広告がかなりの割合を占めていました。

それが終戦直後の混乱でいったん減って、昭和二二年くらいまでは、朝日新聞の一面下も、さまざまな業種の広告で雑然としています。それが出版業の再開とともに、またたく間に出版関係の指定席に戻っていき、昭和二七年にもなりますと、月に数回クスリの広告が載るくらい。同年六月には、一面下はすべて出版広告に。そして現在まで引き続き、日本の新聞第一面のレイアウトといえば、トップ記事と出版広告の組み合わせが定番となっているのです。

ところが戦前の新聞のレイアウトは、いまとはまるでちがってました。朝日も読売も、朝刊の第一面はすべて広告ばかりで埋まっていて、記事はひとつも載ってなかった——といったら、驚きました？

新聞社の社員や、戦前生まれのかたにとっては、こんなことは常識なのかもしれませんが、意外と一般には知られていない事実です。私自身、これまでもむかしの新聞を資料としてたびたび使ってきたのですが、一年くらい前から明治・大正の新聞を頻繁に読むようになって、はじめて気づいたくらいです。出版社に勤める三〇代、四〇代の編集者数名にもたずねてみましたが、みんな知りませんでした。

＊

朝日は、一九〇五年（明治三八）一月一日から一九四〇年（昭和一五）八月三一日までのおよそ三五年間、第一面がすべて広告です。読売は朝日よりだいぶ遅れて一九一五年（大正四）四月三日から、一面全広告化に踏み切りました。終了したのは朝日よりも一足早く、一九三六年（昭和一一）一二月三一日付でした。

両紙とも、一面全広告をやめたのちに、現在と同じ、トップ記事と最下段広告というレイアウトに落ち着きました。といっても、夕刊はずっと記事と広告が混在するレイアウトだったので、朝刊だけが特別だったともいえます。今回、私は朝刊のみを対象として調べましたので、以後、とくにことわりがないかぎり、すべて朝刊のことだと思ってください。

朝日新聞が一面全広告をはじめたときの変わりっぷりがまた、すごいんです。一九〇四年（明治三七）一二月三一日までは、朝日の第一面は広告をまったく載せていません。記事のみだったんです。広告が載るのは二面以降で、最終面にまとめて載せてたり、広告だけ別刷りになってる時代もありました。

それが突如、百八十度の方針転換です。明治三八年一月一日から、第一面をすべて広告にしてしまいました。なんという大胆なビジネスモデルでしょう。

当時は、不特定多数が注目する媒体といえば新聞くらいしかなかったし、その第一面の広告となれば、強みを最大限に生かせます。朝日の創業者村山龍平は経営第一主義で、つねに部数を伸ばすことを考えていたそうですから、おそらく彼の発案・決断によるものだったと思われます。

当時の有力紙、報知新聞と万朝報の明治三八年一月の紙面を確認してみましたが、報知の一面には広告は一切なく、万朝報は上半分が記事、下半分が広告という構成でした。やはり一面全広告化の先陣を切ったのは朝日だったようです。

他紙の連中は朝日の改革にどんな反応を示したんでしょうかね。あっけにとられたか。やられたっ、と悔しがったか。馬鹿な暴挙と笑ったのか。想像するしかないのが残念です。もし史料をご存じのかたがいたら、教えてください。

*

ライバルの読売はどうだったのでしょう。いまや発行部数日本一を誇る読売ですが、不遇の時代もありました。明治後期の読売は、いつ潰れてもおかしくないくらいの弱小紙だったんです。明治時代の広告業者、毎日繁昌社と日本電報通信社――おや、なんか聞いたことある社名。そう、文系大学生が就職できれば人生の勝ち組になれる、あの電通――が調べた新聞発行部数がこちら。

| | 明治三七年 | 明治四〇年 |
|---|---|---|
| 万朝報 | 一六万 | 二五万 |
| 報知 | 一四万 | 三〇万 |
| 東京朝日 | 九万 | 二〇万 |
| 読売 | 一万五千 | 不明 |
| 大阪朝日 | 二〇万 | 三〇万 |

当時の読売は、部数の上では、朝日のライバルと名乗るもおこがましい、格下の存在でした。『読売新聞百年史』にも明治時代の正確な発行部数は書いてないのですが、一九二四年（大正一三）にようやく五万部を越えたそうなので、明治末にはせいぜい三万、よくて四万といったところでしょうか。

ただし、一面に広告を載せるようになったのは、読売のほうが朝日よりも先でした。一九〇三年（明治三六）一月中旬から、一面の下にぽつりぽつりと広告が載るようになりますが、開始当初は広告もあったりなかったり。

その二年後、朝日の思い切った一面全広告化が成功をおさめてもなお、読売の経営陣は追随する勇気を奮い起こせなかったようです。

明治四一年一〇月ごろからは、一面の下半分を広告にします。これくらい増やしてみたんだけど、えへへ……どう？　みたいな。実物をご覧になればわかりますが、上半分記事で下半分広告ってレイアウトは、なさけないものです。広告のほうが記事より活字が大きくて目立つせいで、記事が広告の中に居候させてもらってるかのような印象を受けます。

それでも広告料に関してはやたらと強気な読売さん。同年一〇月二日には、来月より広告料を値上げすると予告しています。五号活字一九字詰め一行あたり五〇銭にするとのこと。それまでの四五銭から五銭の値上げ。およそ一〇年前には、二二字詰め一行が一七銭だったというのに、まあ強気。

しかもこの社告では「発行紙数もまさに十万に達せんとし」とウソまでついて広告料値上げを正当化しています。五万部にも満たない部数を、一〇万に達せんとしてるだなんて、誇大広告です。いけませんねえ。

なお同時期、朝日の広告料は一行五五〜六〇銭とさらにお高めでしたが、二〇万部の朝日と四万部程度の読売とで費用対効果を考えれば、どちらが得だったかは明らかです。

**明治三八年、一面全広告初年度の内容**

さて、一面全広告化がはじまった記念すべき初日、朝日の一九〇五年元日のラインナップも気になるところ。

そんなに大きくはない広告がごちゃごちゃとありますが、元日だけに謹賀新年のあいさつがほとんどです。広告主は、銀行、保険、醬油問屋、鉄道会社などの企業がおよそ三分の二を占めます。残り三分の一は、一行、二行の個人広告がずらりと並びます。一面に個人広告なんか出して、なにを知らせるのか？　それもやっぱり新年のあ

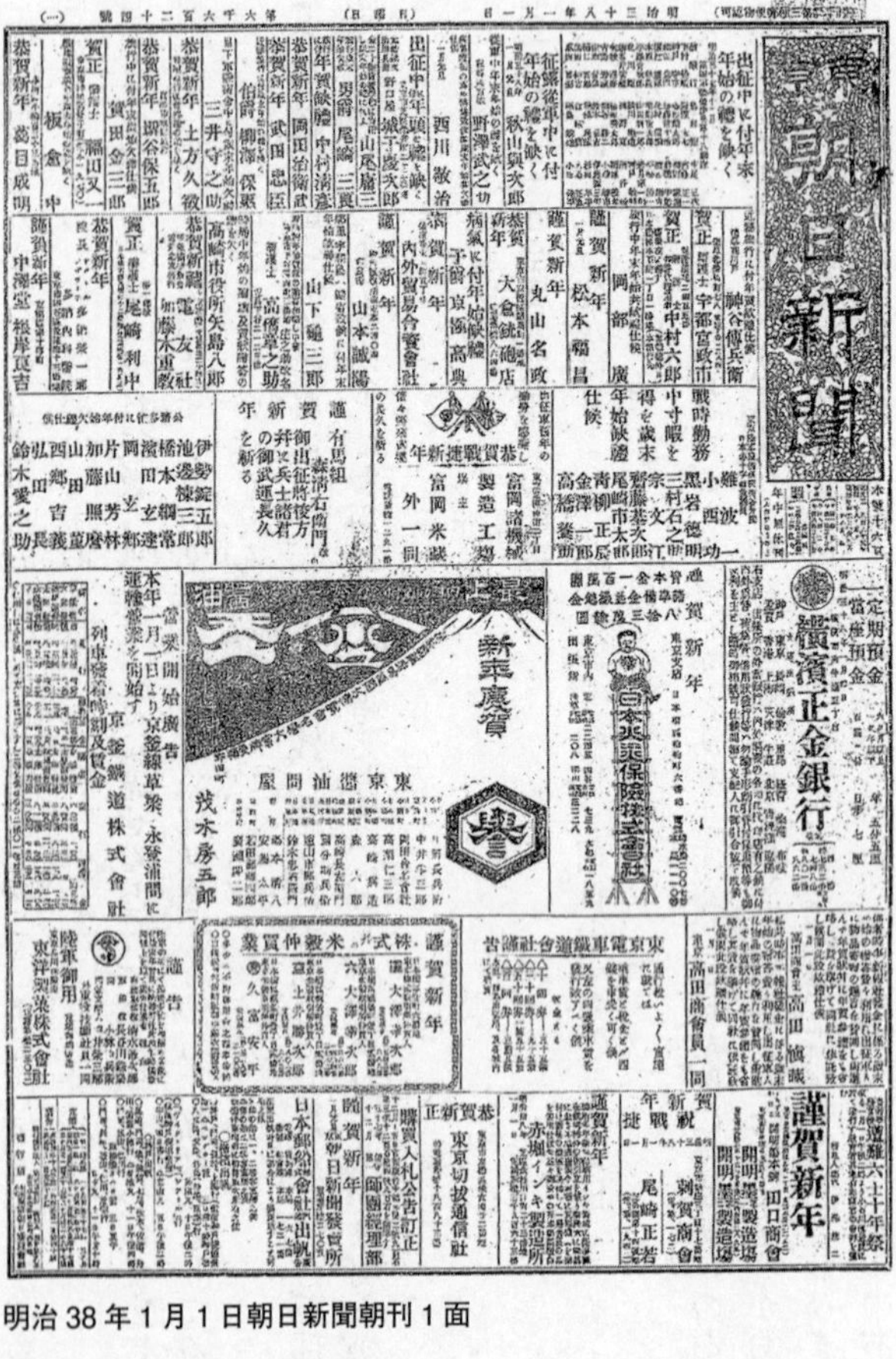
朝日新聞

出征中に付年末年始の禮を缺く

征露從軍中に付年始の禮を缺く　秋山與次郎

野澤武之助

出征中年頭の禮を缺く　城子慶次郎

西川敬治

山尾庸三

男爵　尾崎三良

恭賀新年　岡田治衞武

恭賀新年　中村清彥

恭賀新年　武田忠臣

伯爵　柳澤保惠

三井守之助

恭賀新年　土方久徵

恭賀新年　細谷保五郎

賀正　賀田金三郎

賀正　福田又一

板倉中

恭賀新年　萬目成明

賀正　神谷傳兵衞

賀正　宇都宮政市

賀正　中村六郎

謹賀新年　松本福昌

謹賀新年　丸山名政

恭賀新年　大倉銃砲店

病氣に付年始缺禮　子爵京極高典

恭賀新年　內外貿易合資會社

謹賀新年　山本誠陽

山下龜三郎

高橋是之助

高崎市役所矢島八郎

恭賀新禧　電友社

加藤木重教

賀正　尾崎利中

恭賀新年　多納榮一郎

謹賀新年　中澤堂根岸頁吉

戰時勤務中寸暇を得ざるを以て歲末年始缺禮仕候

雛小黑岩三村宗藏賀瀨尾崎青柳金高

有馬組

謹賀新年

恭賀戰捷新年

富岡米藏

伊勢錠五郎

新年廣賀

日本共濟生命保險株式會社

茂木房五郎

東京醬油問屋

營業開始廣告

本年一月一日より京釜線草梁、永登浦間に運輸營業を開始す

京釜鐵道株式會社

橫濱正金銀行

高田愼藏

謹告

陸軍御用　東洋製薬株式會社

謹賀新年　株式米穀仲買業

東京電車鐵道會社謹告

謹賀新年　高田商會員一同

謹賀新年

開明墨汁製造場

賀新年　祝戰捷　剣賀商會

尾崎正若

赤堀インキ製造所

恭賀新正　東京切拔通信社

謹賀新年　朝日新聞發賣所

購買入札公告訂正

日本郵船會社出帆

明治38年1月1日朝日新聞朝刊1面

いさつです。

でもその一行に、時代が反映されてます。なかでも目立って多いのが「出征中に付き年始の礼を欠く」というあいさつ。明治三八年の正月といえば、ちょうど日露戦争の真っ最中だったんです。

＊

沈着冷静な戦争などありません。戦争の熱狂は、ギャンブルの熱狂によく似ています。負けが込めば取り返そうとしてドツボにはまっていくし、勝てば勝ったでやめどきを見失う。はじめるのは簡単だけど、やめるのがとてもむずかしい。

太平洋戦争については、戦争の悲惨さという視点から語られることが多いのですが、それは本土が爆撃されるようになってからで、最初のうちはけっこう国民も盛り上がっていたようです。

日露戦争時の日本人のはしゃぎようといったら、太平洋戦争の比ではありません。一面広告からもその熱狂はうかがえます。明治三八年一月五日付、一面左端を垂れ幕のごとく、上から下までタテにぶち抜く広告。力強い墨書の文字が目にとびこんできます。

〝祝　旅順陥落　来ル五日六日七日　大売り出し　祝捷記念品進呈仕候　松屋呉服店〟

なんと、戦闘勝利記念セールですよ。買い物すると記念品までもらえちゃう。一面はたまたま松屋の広告でしたけど、三越、白木屋などの有名呉服店も、べつの面に同様の記念セール広告を出してます。まるで現代のデパートがジャイアンツ優勝セールとかをやるのと同じ感覚です。というか、これらの呉服屋さんはその後みんなデパートになっていくことを考えると、ここに記念セールのルーツを見たような気も。

六月一日には、森永（製菓）が広告を出します。

〝祝　海軍大勝利バルチック艦隊全滅記念　砲弾形マシマロー〟

敵艦隊の全滅記念で砲弾のカタチをしたマシュマロを売り出すだなんて、現代人の感覚だとブラックユーモアとしか思えません。

誤解しないでいただきたいのですが、松屋や森永がそのむかし戦争を商売に利用してたことを倫理的に批判する意図は、私にはこれっぽっちもありません。そういう時代だったんです。当時の人たちにはブラックユーモアの意図などまるでなく、当然のこととしてやってただけ。一〇〇年も前の世相を、現代の倫理道徳のものさしで批判否定するのは無意味です。むかしの人たちは、こんなこと考えてたんだ、やってたんだ、とおもしろがるだけでいいんです（逆に、むかしの人の行為を道徳的に尊敬したり正当化するのも無意味なことであると、クギを刺しておきます）。

森永は大正天皇即位の際には、一面の七割くらいを占めるでっかい広告で「萬歳ヌガー」なる商品の発売を宣伝しています。世間が求めるモノやサービスを、つねにいち早く察知して提供するのがビジネスです。それができる目利きの商売人こそが、企業を長く存続させられるわけで、現に松屋も森永もいまだに営業しています。

広告は、企業が売りたいモノを宣伝する手段であると同時に、世間の欲望を映す鏡でもあるのです。

＊

明治三八年の一〇月から一一月にかけて、「本日解停　都新聞」「解停　読売新聞社」といった他紙の広告が、朝日の一面にたびたび載ります。

解停というのは、新聞の発行停止命令が解除されたという意味です。この時期やたらと新聞に発行停止命令がくだったのも、日露戦争がらみでした。

日露戦争は日本の本土が戦場にならなかったせいもあってか、内地の人間には恐ろしさの実感が薄かったようです。しかもまだ負け戦の苦渋をなめていないものだから、日本人は新聞報道を読みながら、勝った勝ったとゲーム感覚で熱狂してたんです。しかし戦争は、いつかは終わらせねばなりません。いざ政府が講和で戦争を終わらせるべく動きだすと、戦勝気分に酔って図に乗っていた民衆が、講和の内容が生ぬるい、屈辱だ、と騒ぎだします。新聞各紙も講和反対の論陣を張ってこれを後押しします。

そして九月五日、日比谷公園で行われた講和反対集会が暴動に発展し、死者まで出る緊急事態となりました。政府は戒厳令を敷いてこれを鎮圧、集会開催に深く関わっていた新聞社のうちいくつかが、発行停止処分をくらったのでした。

それが一〇月、一一月になってじょじょに停止処分が解け、発行の再開を宣言していたという次第。なんでそれをライバル紙の朝日に広告出すの、というのは愚問ですよ。発行停止中の自社新聞には広告出せないんだから。

この件にかぎらず、明治三八年前半の朝日には他紙の広告がたびたび載ってます。六月一六日には読売新聞が、「講和問題についてもっとも健全な論議をしている読売をぜひご一読」などと宣伝しています。

一月二九日に載った報知新聞の広告なんて、「来る二月一六日で通算一万号になるのを記念して、その日の広告はすべて無料で掲載する」とケンカを売るような告知をしていますくどいようですが、こんな挑発的な報知新聞の広告が、朝日の一面に載ってるんですよ。景気のいい報知の広告のとなりには、平民新聞最終号の悲しいおしらせが。「血をもって印刷せる本紙最終号を見よ　本紙は政府圧迫のもとに自ら廃刊す」。こちらは壮絶な最期を遂げたようです。

他紙の広告まで載せちゃうなんて、当時の朝日って太っ腹だなあ。なんでもありかよ、と思ったら、九月八日の自社広告にこんなことが書いてあります。原文は文語調なので意訳すると、これまで広告の申し込みにはことごとく応じてきたが、今後は内容によっては理由を示さず掲載を拒否することもあるから、よろしくね、と。ホントにそれまではなんでもありだったんですね。

＊

型を学ぶことが成功への近道だ、と先生はいいます。もちろんそれも大切ですが、型にはまるより、型を作るほうが断然おもしろいことを、独創性のない凡人先生はご存じない。

何事もそうですが、型が決まるまでの黎明期は、試行錯誤があふれ、失敗も多いけど、熱気と意外性に満ちていてわくわくするものです。初期のテレビがそうだったと聞いてます。ネットも、ブログという型ができて、だれもが簡単に見映えのよいページをこさえて情報発信できるようになった反面、誰に何を伝えたいんだろ？　と、くびをひねってしまうブログも増えました。それ以前の〝ホームページ〟時代のほうが、作るのが面倒な分、見た目はあか抜けなくとも、本当に伝えたいことのある人だけが熱心に書いてておもしろかったような。

新聞の一面広告も、開始当初はかなり雑多です。でもそこが興味深い。たとえばさっきも紹介した個人広告。大正時代くらいになると、一面広告のスペースは大手の出版社などが大きく押さえてしまうようになり、小さな個人広告は二面以降に押しやられてしまいます。

一面全広告になる前ですが、読売の明治三八年四月一九日から六月末まで、作家の幸田露伴が、一面に毎日、個人広告を出してるんです。

〝当分の中、午前だけは、親疎を問わず急用のほか、御来訪御免下され度懇願仕候〞

わざわざ新聞広告を出すくらいだから、よっぽどの事情があったのでしょう。午前中は集中して執筆したいとか、朝寝坊したいとか。私は芸術に関しては作品そのものを愉しむ主義なので、作家の素顔や私生活を追求したいとは思いません。幸田露伴の研究者ならこの広告を出した事情をご存じなのかもしれません。

それにしても文語調の文章って、味がありますね。コンガンツカマツリソウロウ、ですよ。そんなにかしこまって頼まれちゃったら、気軽に寄れません。コンチハ、なんて顔出したら、槍かなんかで突かれそう。

朝日の明治三八年一月八日には、妊娠中の犬が失踪、見つけたかたに謝礼一五円進呈なんて個人広告もあります。当時の一五円といったら、職人の月給分くらいです。探し犬にそれだけポンと出せるなんて、お金持ちはちがいますね、豪気ですね。この広告見て、謝礼目当てに犬探しをしたヤツが何人いたことやら。

〝病気に付　禁酒　倉田松濤〟（朝日一九〇五・二・一六）。

なんだい、これ。新聞の一面に個人広告出して禁酒宣言？　謎に満ちた倉田さんですが、日本画家としてはそこそこ名のある人だった……らしい。けど美術事典などを見ても詳しい経歴は載ってないので禁酒のいきさつもわかりません。ウィキペディアの項目にもなってないくらいだから、いまではあまり熱心なファンもいないようです。

これも個人広告の一種ですが、死亡広告もちらほら見られます。〝愚妻　きん〟（朝日一九〇五・二・八）だって。いくら男尊女卑の時代とはいえ、ほとけになった奥さんのことまで愚妻って書くことないじゃんねえ。「妻　きん」でいいのに。きんさんも、うかばれません。

＊

明治三八年の一面広告紹介、最後は、一面全広告という新たな試みの初年度が、どれだけ型にはまらない実験精神にあふれていたかを示す例を、ビジュアル面からひとつご紹介します。

現在でもまだ販売している超ロングセラー商品なのですが、津村順天堂（現・ツムラ）の中将湯という漢方婦人薬があります。明治末にはかなりの大ヒット商品だったようです。頻繁にデカイ新聞広告を出してたところを見ると、ちょっとやそっとの儲かりかたではなかったはずです。

三月四日には、紙面真ん中をひし形に使う奇抜なデザインを披露します。ぜいたくな使いかたですね。ひし形の枠の部分は単なる飾り、額縁なんです。そのデザインのために、ムダな枠の部分も広告料払って買い取ったんですから。

その勢いは止まらず、五月二日付ではとうとう、（おそらく）日本初の一面全面広告が登場します。朝日の第一面が、巨大な中将湯の広告となったのです。端午の節句にあわせてか、鯉のぼりの背に裸の男の子がつかまっているイラストなんですけど、

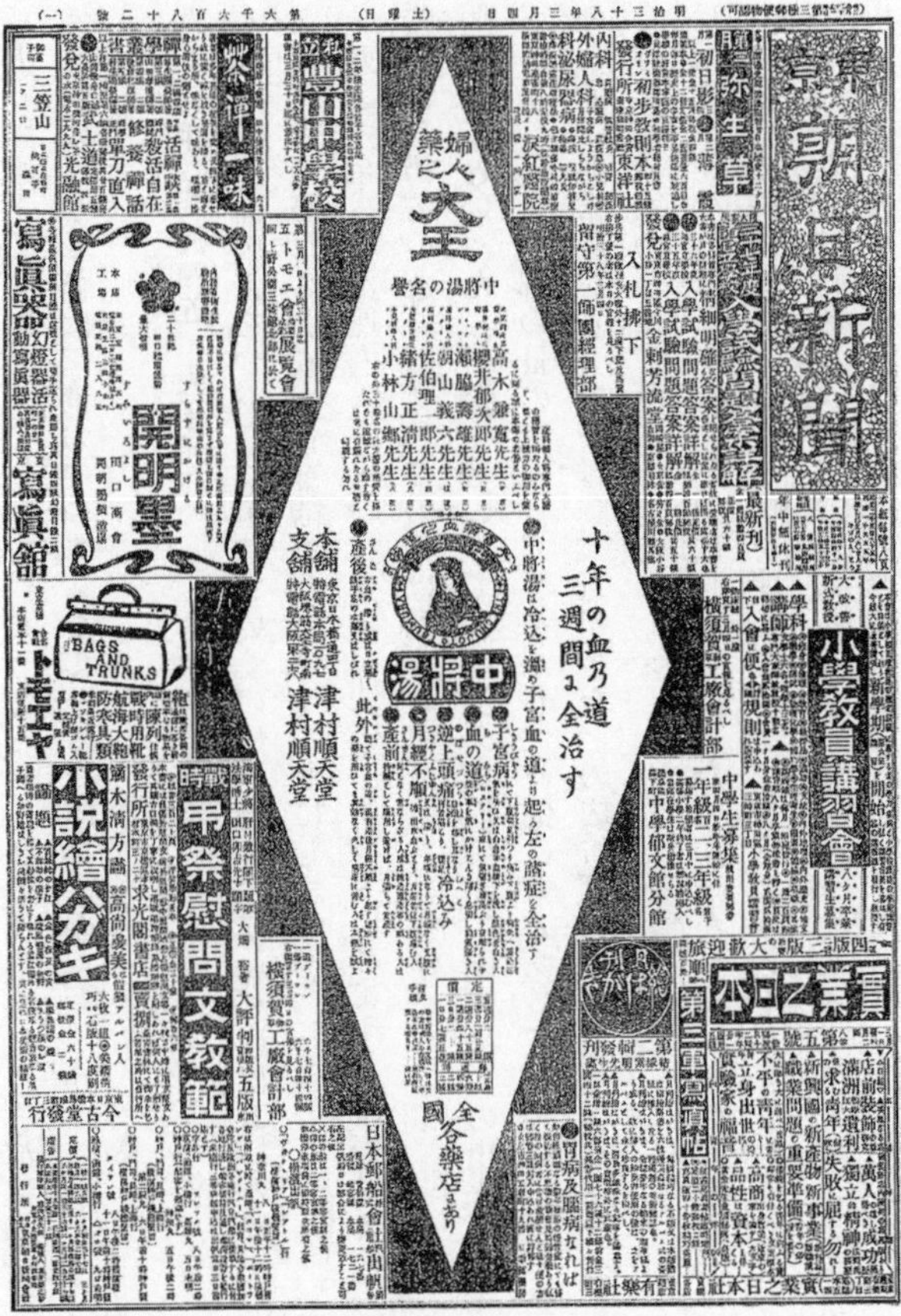


明治 38 年 3 月 4 日朝日新聞朝刊 1 面

中将湯って婦人薬なのに……? ま、ま、こういう型破りな勢いこそが大切なんです。理性と合理ばかりでは、世の中つまらなくなるだけですから。

**一九一二年（明治四五・大正元）**

すべての一面広告をつぶさに追っていくのは、飽きっぽい私にはムリなので、ここからは時代の節目ごとに変化を観察していくことにします。

一九一二年（明治四五・大正元年）の一面広告を見ていきます。読売はまだ一面全広告をはじめていないので、この年は朝日のみ取りあげます。

明治末年といったら、なんといっても明治天皇崩御が、国内最大の出来事です。七月三〇日、天皇崩御の日の紙面は、さぞかし大々的に取りあげて……いませんね。朝日の一面は通常どおり、本や雑誌、万年筆などの広告ばかりです。ページをめくると、なんと天皇崩御の報は二面にありました。

はははあ、この日は差し替えが間に合わなかったのか。なら次の日は……やっぱり第一面は全部広告のまま。紙面全体を囲む黒枠が、通常より若干太くなってるようですが、探偵小説の広告があったり、他社の酒の商標をまねて販売してた業者が謝罪広告を出してたりと、全体的には普段どおりの紙面です。

天皇崩御を感じさせる広告は、白木屋と松屋呉服店の、御大喪につき八月一日まで休業という告知くらいです。あと、一個所だけポコッと謎の空白部分があるのですが、ここだけはもしかしたら急遽、広告主が取りやめたのかもしれません。

結局、朝日は一面広告を決してやめることなく、ずっと続けていました。べつに当時、朝日が天皇を軽視してたわけじゃないはずですが、一面は全広告、と決めた方針だけは何事があっても譲らなかったんですね。広告主からも読者からも、この措置に関してとくに苦情や批判が出た気配もありません。

八月二日も普通の広告ばかりです。ひとつ変わり種としては、日本南極探検隊本部の告知があります。「多田恵一なる者が『南極探検私録』などの本を発売すると宣伝しているが、そいつは隊規を犯して除隊させられた者なので、本の記事内容に本隊はなんら責任をもたない」んだそうな。

軽く調べてみたところでは、多田なる者は、南極探検で有名な白瀬矗《しらせのぶ》の探検隊に志願して書記長として参加した人だそうです。探検隊に書記長なんてポジションが通常あるものなのかどうか、探検どころかキャンプすらめんどくさくて行く気のしない出不精の私にはわかりかねます。多田は道中、探検の方針をめぐって白瀬や他の隊員と対立、隊のムードはかなり険悪になったようで、一説によると白瀬の毒殺計画まであったというから、おだやかではありません。

南極に到着しても多田はつまはじきにされ、結局帰路の途中で離脱しました。そういった待遇の不満や隊長の批判などを著書で書き殴っているのですが、一方で多田自身の経歴にもあやしいところが多く、どちらのいいぶんを信じていいものやら、いまとなっては真相は藪の中。

八月三日から喪章や喪中ハンカチーフなどのグッズ広告が出はじめます。ようやく喪に服すムードが世間にも広がった矢先の六日付、金丸銃砲店のファンキーな広告に注目です。

猶予なさるのは愚の極み！
新聞の三面記事に毎日どんな事が書いてありますか⁉
撲殺！　強盗！　血なまぐさいことばかり‼
寸余の拳銃はまさに諸君を安全の位置に導きます！
御買入手続き至って簡単！

なんともはや、不安心理につけこみまくりのコピーです。声に出して読んでみてください。ラップみたいですよ。撲殺うんぬんの部分はライブだったら、客席とコールアンドレスポンスになるところ。撲殺！（撲殺！）強盗！（強盗！）

戦前の日本では届け出をするだけで、けっこう簡単に銃を持つことができたんです。ですから銃の広告もクスリや本の広告みたいに、毎日のように載ってます。

ただ、銃屋さんはむかしから知らないフリをしてるのですが、銃を持ってたおかげで撲殺や強盗の被害をまぬがれたという実例は、ほとんどないんです。強盗犯が「これから強盗やりまーす」と予告してから来てくれれば、銃を取り出し構える時間もありますが、そういうフェアプレイ精神あふれる強盗犯は少数派です。ふいをつかれたら護身用の銃なんて役に立たないのが現実です。

九月一三から一五日に明治天皇の御大葬が行われますが、もちろんこのときも一面は広告のまま。さすがに広告の内容は、御大葬のため休業する商店の広告や、家庭遙拝祭壇、天皇関係の本の広告などが増えてます。

とはいえ新聞広告全体から受ける印象では、自粛ムードなんてものは皆無です。たとえば、帝国尚武会の柔術通信講座の広告なんてのも。

〝巧妙奇抜なる独習器と懇切周到なる教授　秘法龍虎の巻はいかなる素人をも容易にしかも完全にその道の奥妙に上達せしむ〟

そのむかし、よくギャグのネタにされていましたが、一九七〇から八〇年代ごろの漫画誌には、空手の通信教育の広告がよく載っていました。こっそり申し込み、読んだだけで空手マスターになったつもりのもやしっ子が大勢いたことでありましょう。そのルーツが明治・大正期にありました。すばらしきかな、文明開化。

**一九一五年（大正四）**

さあ、いよいよお待ちかねの大正四年がやってきましたよ。歴史の教科書では、歴史上重要な出来事はなかったとスルーされている年かもしれませんけど、忘れちゃいけません。四月三日からついに読売も一面全広告化を決行した、新聞広告史上記念すべき年なんですから。

その読売初日の第一面はといいますと、まあカタい本の広告ばっかし。夏目漱石の新刊『硝子戸の中』なんてのは柔らかいほうで、他は『人格的教育学の思潮』みたいな、ありがたすぎて表紙をめくりたくない本ばかり。

下のほうに申しわけ程度に病院の小さな広告があります。初期の新聞広告で多かったのは、出版、病院、薬なんです。

いいそびれてましたけど、一面広告がはじまった明治末期の紙面でもすでに、出版広告が占める比率はかなり多かったのです。大正時代になるとさらに増え、一面広告といえば出版、が定番になっていきます。それだけ出版業が、時代の花形産業だったという証拠です。

初日からこんなにおカタいようでは、この先つまらないなあ、とがっかりしましたが、めくっていくとそれは杞憂に終わりました。部数の少なさがネックとなり、大口の広告を取ってくるのに苦戦したのでしょうか、しだいに読売の一面は、かなり雑多な寄せ集め広告が飾るようになります。

「品質が良く歯のためになるライオン歯磨」「元気充実　森永ミルクキャラメル」「連日満員の帝劇」「貸電話」といった生活感あふれる広告は、このころすでに出版広告の指定席となっていた朝日一面ではあまりお目にかかれません（二面以降にはありますが）。逆にいうと、明治末にはあんなに実験精神にあふれていた朝日の一面広告は、型どおりの繰り返しになり、わくわく感を失いつつあったのでした。

読売は一面に載せる企業広告を集めるのをあきらめたのか、四月九日からは東京区裁判所競売期日公告が一面に載りはじめます。ほとんどが差し押さえになった家屋の競売を知らせるものなのですが、多いときにはこの競売公告が一面の半分くらいを占めています。その後も六月くらいまで、たびたび掲載されてます。

自社広告で穴埋めしてた様子もあります。読売新聞園芸部が、チューリップとアネモネの球根を送料・箱代込み、五球で七五銭で販売しています。いろんな商売やってたんですね、読売さんも。

**大正デブクラシー**

そんな雑多な読売の一面だからこそ載ったのが、六月七日のこの広告。

〝男女コエスギた人　に害なくしてホソクなるヤセ薬を切手二銭御送りあらば詳報す〟

こんな時代からすでに、ダイエット薬の需要があったことにびっくりしました。だって以前、昭和ヒトけた世代のおっちゃんたちが、こんなことをいってましたよ。現代の若い女性たちは、やせてるのが美しいと決めつけてダイエットに励んどるが、戦前には、太っていることが豊かさの象徴でうらやましかったのだ、と。

でも新聞広告を検索してみますと、大正から戦前の昭和にかけて「やせる薬」の広告がそうとう載っていることがわかります（朝日・読売両紙に同じ広告を出稿してることも多いが、一面に載るのは読売だけ）。

今回調べたかぎりでは、やせる薬の広告が最初に朝日に載ったのは、一八九三年（明治二六）のことでした。それから大正末までに載ったやせ薬・やせる薬の広告は、検索にかかっただけでも一〇〇件以上。昭和に入るとさらに増えています。

逆に肥える薬ってのもなくはないのですが、ごくわずかです。圧倒的に多いのは、やせる薬の広告。むかしは太ってるのがうらやましかった？　そんなことはありません。やっぱりむかしから、太ってる人はからかわれたり嫌われたりしてたんです。とりわけ女性にとっては深刻で、やせたいと強く願う人たちが大勢いたのが事実です。でなければやせ薬が商売になるわけがない。

広告が、やせろやせろと煽っていた面も否定できません。当時のやせる薬の広告コピーには、太りすぎが悪徳であることを、これでもか、と突きつける文章が数多く見られます。

〝男女ともフトリ過ぎは外見が悪いばかりでなく病気となって早く死ぬからヤセ薬をのんで中肉となる必要がある〟（三共社薬品部　朝日一九二五・一一・一八）

〝いかなる肥大のみにくき方にても不思議にやせる薬を教示す〟（池田　朝日一九〇

八・一・一四）

〝肥えふとり皆様から一指をさされ苦に病んで御座る方に……〟（長寿円　朝日一九二〇・二・二七）

みにくいだの、指をさされるだの、あげくには早く死ぬだの、むかしの日本人って、デリカシーなさすぎでしょ。なかでも白眉が、大正八年から九年にかけて集中的に載ったこの広告。

捨てて置かれぬふとり過ぎ

男でも女でもずいぶん世の中には肥え太った人がいる。ことに年若き婦人は太っていると老けてみられるし、オタフク、ブタと悪口をいわれ、一生懸命化粧して着飾っても、太っていてはその甲斐がない。よく悪口にいうように、あひるが弁当箱持ったようだ……（千代田製薬　朝日一九一九・九・二八）

見事な言葉の暴力です。オタフク、ブタ、着飾っても甲斐がない。ヒドい……。それにしても、あひるが弁当箱持ったようなって、なんなんだそのたとえ。

＊

それまで各社入り乱れて販売合戦を繰り広げていたやせ薬業界ですが、昭和に入るとアイマーとメーグル、二強ブランドの一騎打ちの様相を呈してきます。このふたつのブランドが勢いづくのが、どういうわけか一九三〇年（昭和五）ごろからなんです。私がなにを不思議がってるのか、昭和史や経済史に詳しいかたならピンとくるでしょうけど、昭和五、六年といえば、日本は昭和恐慌、デフレ大不況の時期にあたるはずなんです。

昭和五年は年初から、金解禁や緊縮財政の是非を論じる経済書の広告が、一面にもたびたび登場します。〝圧迫干渉の魔城を越えて殺人的不景気を退治しろ！〟と、ファンタジーRPGのようなキャッチコピーで怪気炎をあげる犬養毅の著書の広告（朝日一九三〇・二・一六）には、「たちまち百万売り切れ」なんて景気のいい文字が。いくら有名政治家の本だからって、発売してすぐに百万部ってのは、さすがに誇大広告ですよねえ？

経済論戦に便乗した広告まで現れます。〝金解禁の一歩は国産品の愛用　ウーロン茶〟〝緊縮にふさわしき国産品　ウーロン茶〟。ウーロン茶って日本で作ってたの？

驚くのもごもっとも。私も一瞬、新発見かと浮き足立ったのですが、冷静に考えれば単純なカラクリです。このころ台湾は日本領だったんです。だから台湾で栽培されたウーロン茶も「国産品」だったわけ。

ちなみにこのウーロン茶の広告もちょっと謎なんです。昭和初期の紙面には、企業名も商品名もなく、毎回異なるキャッチコピーと〝ウーロン茶〟とだけ書かれたイメージ広告がたびたび出るのですが、いったいスポンサーは何者だったのでしょうか？

四月あたりからは、雑誌広告にも不景気や失業の文字が目立つようになります。恐慌と聞いていたので、この時期、広告の出稿も減ったのではと私は予想していたのですが、一面広告を見るかぎりでは、不景気不景気といってるわりには、広告が目に見えて減った様子もありません。

しかもその時期に、やせ薬の販売攻勢がはじまってるんです。景気が悪くなったら黙っててもやせそうに思うのですが、考えてみれば、現在も不況といわれて久しいけど、相変わらずダイエット食品のテレビＣＭはバンバン流れてますよね。景気の波と体重に相関関係はないってこと？　不景気ってやつの実態は、ホントにつかみがたいものがあります。

＊

メーグルは一九三一年から、体験談広告シリーズをはじめます。某代議士の令嬢が顔写真入りで登場し、「私はふとり過ぎて少し歩いてもすぐくたびれ、股ずれがして歩けませんでした」とセキララな告白。でも帝大の先生に勧められたメーグルを服用したらたちまちやせて、クラス会に出席したらキレイになったねとおともだちからひやかされました、と喜びの声をあげるのです（読売一九三一・六・二六）。外務省書記官婦人は、「外国婦人のスラリとした脚線美と比較してあまりにも非芸術的なわが脚の醜さを呪わずにはいられませんでした……」でもメーグルを服用したら以下同文（読売一九三二・八・三夕）。

対するアイマーは、松竹歌劇で男装の麗人として女性に大人気だった水ノ江瀧子をイメージタレントとして起用します。広告に写真入りで登場したターキーに「舞台に立つ私どもは脚線美を保つのに苦心しておりますが、アイマーはほんとうに理想的な瘦身剤で、美のマスコットとして愛用しております」とかなんとかいわせてるんです（読売一九三二・四・五）。スターがそんな薬飲んでるわけないじゃん、ってのは、いいっこなしで。いまだって下戸のタレントがビールのＣＭやってたりするじゃないですか。

読者体験談といい、イメージタレントの起用といい、ダイエット広告の手法の基本形が、昭和初期にすでに完成していたというのも興味深い事実です。

また、医学博士を名乗る人が執筆したアイマーの記事風広告では、やせるためにむやみにタバコを吸ってニコチン中毒になる女性がいることを警告しています（読売一九三二・八・三〇）。タバコはやせるというウソ知識は、このころすでに流布してたんですね。太ってるヘビースモーカーなんて、身の回りを探せばいくらもいることぐらい、気づきそうなものですが。

どういうリサーチの結果なのかわかりませんが、なぜかアイマーもメーグルも、朝日より読売に多く広告を出してます。読売読者のほうがデブが多かった――かどうかは定かではありませんが、戦時中でかなり窮乏に追い込まれてたはずの一九四四年にも、両社の広告が載ってることに驚きます。八月二三日の読売には、モンペと防災ずきん姿の女性イラスト入りで、脂肪過多性などに効く「戦う女性の保健剤」としてメーグルが宣伝されてます。

海野弘さんの『ダイエットの歴史』によると、欧米では第一次大戦が、ダイエット市場の拡大に一役買っていたとのことです。非常時に太っているなどもってのほか、ぜいたくは敵だ、という風潮を、やせ薬の販売会社は宣伝に最大限利用していたのです。だったら日本でも事情は同じだったはず。ぜいたくは敵、といってる中で太っていたら、非国民だと誹謗中傷を受けかねません。不況下だろうと戦時下だろうと、やせ薬の需要はあるものなんですね（なお、海野さんの著書は西洋の事象だけを扱っていて、日本の例にはまったく触れていません）。

＊

一九一五年（大正四）の一一月一〇日には大正天皇の即位の礼が行われています（元号が変わって四年もたってからやったのが不思議）。このとき新聞紙面に大事件が起こります。なんと、朝日・読売ともに、一面から広告が消えたのです。一面には天皇の御真影や奉祝歌が載っています。朝日は翌日の一面も、即位の礼の様子を絵入りで報じるのみで広告はありません。明治天皇崩御のときとは、えらく編集方針が変わったみたいです。

**一九二三年（大正一二）**

大正一二年、九月一日。関東大震災が起こった日として記憶されています。地震発

1923年9月21日朝日新聞朝刊１面

生はお昼ごろでしたから、その日の新聞は何事もなく発行されてますが、新聞社も被災したため、翌日から休刊となります。

朝日はもともと大阪版からはじまりましたので、大阪朝日の紙面がその間の状況を伝えています。震災発生数日後からさっそく、大阪朝日と大阪毎日が共同で義援金を募りはじめます。それに応じた人の氏名が、連日紙面に掲載されるのですが、多い日にはまるまる一面分、二面分が、寄付した人たちの名前の細かい活字で埋めつくされてます。八〇年以上前にも助け合い精神が存在していたとわかり、ちょっと胸が熱くなりました。

朝日・読売ともにけっこう復活は早く、一二日から再開しています。震災で多くの商店や企業がダメージを受けたので、当然、広告出稿も激減しました。一面も記事中心で広告は少しだけ。

九月二一日の朝日一面には、「最文明の交通機関」と題されたひとこまマンガが載ってます。汽車や自動車がなくなったものだから、おんぼろな乗合馬車に、背広姿の紳士も頭にハチマキ巻いたオヤジも一緒に乗ってるんです。これは本当にあった光景で、実物の写真が一五日付の紙面に掲載されてます。大八車を急遽改造し、屋根をかけたものだったとのこと。

一面全広告が復活するのは、読売はその年の一一月、朝日は一二月からでした。

**一九二六年（大正一五・昭和元）**

震災から三年もたつと復興もだいぶ進みます。一面もにぎやかな広告で埋まり、何事もなかったかのような、いえ、むしろ以前よりも文明の近代化が加速していたような印象すら受けるのは、私の思い過ごしではないはずです。

大正四年の時点では二面以降にポツポツ載っていた、クルマ、バイク、発動機（モーター）など工業製品の広告が、大正末年ともなると、頻繁に一面を飾るようになってます。月に数度は、一面全部がクルマとバイクの広告特集となる日があるくらい。もちろん当時はまだ外車ばかりです。シトロエン、フォード、ルノー、シボレー、ハーレーダビッドソンなどの最新型は、モダンボーイやモダンガールのあこがれだったことでしょう。

＊

工業化が進むことで労働者が増加し、雑誌を購入する金銭的余裕のある層も増えました。新聞に並んで雑誌がメディアの中心に躍り出たのが大正時代。哲学思想系学術書と、女性雑誌、大衆誌、下世話な通俗雑誌まで、硬軟取り混ぜた出版広告が一面に載っているのも、大正期の特徴です。

大正時代前半、朝日・読売両紙の一面広告でたびたび目にするのが、通俗雑誌『うきよ』の広告です。

〝見よ　疾風の如く迅雷の如く変装記者数十名があらゆる危険と闘ってあらゆる社会を活写した血湧き肉躍る大文字！〟（読売一九一五・七・三）

この宣伝文句だけだと、社会正義を追求する硬派な雑誌かとカンちがいしそうですが、実際の記事見出しはといいますと、

苦学生を装う大色魔
大正毒婦五変化お雪
女か飛行機か
成田山色魔僧

大尻女天下
暗黒の宇都宮
淫売式の看護婦会
恐るべし大色魔と伯爵夫人

エロとゴシップしかありません。色魔が毎号大活躍します。当時は性犯罪者から女たらしまで、エロそうな人はみんな色魔とひとくくりにされてたようです。

個人的には、宇都宮でなにがあったのかと、女か飛行機かという究極の二択が非常に気になるところです。毎度一面広告をうつくらいだから、それなりに部数を刷っていたはずですが、あまりに低俗な内容のせいか、国会図書館でも実物は所蔵していませんでした。

あることないこと針小棒大に書いてたらしく、この雑誌、しょっちゅう発禁処分になってます。すると次号の広告では「前号発売禁止　お待ちかねの七月号」とそれすら宣伝に使ってしまう打たれ強さよ、雑草魂よ。でも、あまりに発禁を繰り返すうち、だんだん実録モノが書けなくなったみたいです。広告の見出しも幽霊ばなしみたいなのばかりになっていきます。それで読者が離れたのか、いつのまにか広告も出なくなったので、廃刊になったのでしょうねえ。

＊

大正後期になると、がぜん目立ちはじめるのが、女性雑誌の広告です。大正時代は女性の時代でもあったのです。浜崎廣さんの調べでは、大正時代に創刊された女性雑誌はなんと一四五誌。

時代はちょっと後になりますが、昭和二年一一月時点での新聞雑誌発行部数を内務省警保局が調べた資料が残っています。それによると、『主婦之友』二〇万部、『婦女界』一五万五千、『婦人倶楽部』一二万。

同資料によれば、当時もっとも売れてた雑誌は大衆誌『キング』で三〇万部（この数字についてはあとで触れます）。他は『改造』一〇万、『文藝春秋』七万、『中央公論』二万という具合ですから、いかに女性誌の勢いがあったかがわかりますね。

好調な販売部数をさらに伸ばすべく、こうした人気雑誌は大正末くらいになりますと、新聞の第一面を半分くらい使う大々的な広告を出すようになります。

そんななか珍しいのが、大正一五年二月一六日付、『婦女界』発売延期の広告。「労働争議のため発行日が遅れますが、どうか大なる期待をもってお待ち下さい」。大正時代はプロレタリアの時代でもありました。

## 雑誌広告のえげつなさ

大正末期から昭和初期にかけて、雑誌広告のコピーが、どんどんえげつなくなっていきます。

各ジャンルごとに雑誌がひしめいている状況では、ライバル誌との販売競争に勝ち抜かなければ明日はない。なりふりかまわず読者の関心をひこうとする姿勢が、「売らんかな」の露骨な広告コピーに投影されてます。雑誌の購買層が少数のインテリから大衆にまで広がり、雑誌は大量消費されるエンターテインメント商品になっていたのです。

少年・少女向け雑誌の広告でさえ、こんな感じ。

『中学生』（朝日一九二六・一・一三、二・一五）

これは素敵だ、面白い面白い。今日から雑誌は『中学生』と決めた！面白くて為になるのが『中学生』だ。エヘン僕はとうから愛読者だぞ！中学へ入って『中学生』を読まないのは大恥辱大恥辱などといわれたら、読まなきゃ世間様に顔向けできません。あ、でも平成のいまだって、『読めないと恥ずかしい漢字』『知らないと恥ずかしいニュース』みたいな本がたくさん出てて読者を煽ってるんだから、この古典的な宣伝テクニックには効果があるということか。

『少年倶楽部』(読売一九二六・一・四)

早く! 早く! 買うのは今! 少年倶楽部が売切れそう……

文末のフェードアウトが、売り切れるかもしれない、と不安をかきたてます。

『日本少年』(朝日一九二六・二・一四)

面白い! 面白い! 早く見て下さい!!!

「素敵だなア」と到る所で大評判!!

少年誌だけにかぎらず、この当時、広告で本や雑誌を自画自賛するときの決まり文句は、〝素敵〟と〝面白い〟なんです。

『小学少女』（朝日一九二六・二・一五）

三月号は殊にすっきりと快く出来ました

純米酒のＣＭみたいなこといってます。

ついでにいうと、広告のコピーに「！」がやたらと使われるようになるのは大正時代、それも中ごろからの傾向です。

ご存じのとおり、「！」も「？」も英語など西洋言語の記号であって、もともとの日本語にはありません。それを明治時代に、二葉亭四迷らが日本語の文章に取り入れはじめ、大正時代になると庶民のあいだにもすっかり定着していたのです。人気者になった「！」と「？」は、日本語に帰化しちゃったんです。

朝日新聞で一〇年ごとの変化をたしかめてみました。明治三八年（一九〇五）一二月の一か月間で、「！」が使われていた広告はたったの二件。それが大正四年（一九一五）一二月には二九件に増えてます。たとえば、

「満員電車の時……仁丹！　お持ち遊ばせ!!!」

「ライオン歯磨き!!!」

「婦人公論の購読をお奨めする!!!」

など。一本だけではもの足りない。大根干してるみたいに二本三本と並べるのがあたりまえ。

大正一四年（一九二五）一二月ともなりますと——使われすぎてて、もう数えるのがイヤになってやめちゃいました。すみません！　根性なしで!!!

＊

新聞紙上で繰り広げられる売らんかなの広告合戦を眺めていると、それを牽引していたのは講談社だったんじゃないかという印象を強く受けます。メディア史を研究している佐藤卓己さんは、講談社の創業者野間清治を、宣伝狂といってるくらいです。

なかでも勢いと熱気にあふれていたのが、戦前の日本を代表する大衆誌『キング』の広告でした。

なにしろ『キング』は大正一四年の創刊号だけで六二万部（七四万部という説も）売れたとされてます。全盛期だった昭和二年一一月号は、驚異の一四〇万部に達したという、伝説の雑誌です。

ただし、当時の雑誌発行部数は資料によってまちまちで、あてになりません。先ほど紹介した内務省の資料では昭和二年一一月の調査で三〇万部と、ずいぶん控えめです。これはさすがに一三〇万の誤記ではないかと思うのですが、当時は（いまも？）版元が部数を水増しして発表するのは普通だったので、正確なところはわかりません。ともあれ、『キング』が当時日本でだんとつに売れてた雑誌だったことは、たしかです。それだけに新聞広告にも力が入りまくってます。

創刊前の一九二三年（大正一二）八月三〇日付からして、〝来れ！　奮へ！　何人も!!　見よ！　破天荒の原稿料〟と創刊にむけた原稿募集広告を大々的に出す意気込み。

ところがこの直後に関東大震災が起き、創刊は大幅な延期を余儀なくされます。その年の暮れ一二月二五日から再度、原稿募集広告をかけ、およそ一年後の一九二四年一二月五日、満を持しての創刊へと漕ぎつけます。しかも創刊前から予告広告を何度も出す力の入れよう。半月ほど前の一一月一五日には、早くも予告広告が。

日本で一番面白い（ためになる、安い）雑誌
社内一同の者　真にこの精神この抱負

## 汗みどろになって死に物狂いの大活動　世のためだ人のためだ！
## 今から素敵な大評判

一風変わった宣伝ですよね。「素敵」で「面白い」ことをアピールする基本は押さえつつも、雑誌の内容よりも自分たちの努力をウリにしちゃうのはどうなのよ。一二月三日付の予告広告でも、〝不眠不休で働いた！　汗みどろになって働いた！〟とスタッフの努力を前面に押し出して、自分で自分をほめまくります。

裏方の苦労はおもてに出さないのが日本人にとっての美徳であって、苦労や努力を自慢するのは嫌われるものだとばかり思ってました。私も自分の本を面白いよ、といつも自画自賛するほうなのですが、自分で面白いっていってるからこの人ダメ、とシロウトレビュアーにケチつけられたことがあります。じゃあなにか、「うまいラーメン」って看板出しちゃダメなのかよ、『爆笑！　レッドカーペット』みたいなテレビ番組名もダメで、『爆笑（個人の感想です）レッドカーペット』とかしなきゃいけねえのかよ、就職面接で自分は仕事ができますとアピールするのもダメなのかよ、などと大人げなく問いつめてやりたくなりましたけど、大正から昭和初期の広告のえげつない自画自賛っぷりから比べたら、私なんて控えめもいいとこだとわかって安心しました。

一二月五日の創刊号発売当日は、朝日では第八面を全面使っての広告です。さすがに今度は記事内容の宣伝が中心になっています。

発売前からの周到な準備と告知が功を奏したか、創刊号はいきなり売れまくったようです。およそ一週間後の一二月一四日、早くも次の広告が出て、〝素敵！　素敵！　まったく素敵だ!!　売れる売れる！　いくら刷ってもすぐ売れてゆく只々驚嘆！〟と、うれしい悲鳴をあげています。

一九二六年（大正一五）九月号の広告では、

本誌が国民的雑誌として東洋第一の売行を示し、世界屈指の大雑誌となったのに不思議はない

またもや唯我独尊、自画自賛。『キング』の宣伝攻勢に負けじと、同年同月のライバル誌『東京』の広告もこんな感じに。

よくも、こんなに面白い読みたい、記事ばかり集めたものだ！　と到る所で大好

評!!!

毎年一二月に発売される新年号は、宣伝にもいちばん力が入ります。売り上げ的には全盛期をすぎた一九三二年(昭和七)や三四年になってもまだ、『キング』新年号の広告は押せ押せムードです。

努力！ 至誠！ 大奮発！ 見る人まず安いのでビックリ！ 出来の立派さに二度ビックリ！

数円の値打ある四大附録をつけて平月号に比しわずか十銭増！

真に大奉仕！ 六十銭とは不思議な値段と見る人驚嘆！

愛読者の利権です。

買わねば損！ と玄人も驚嘆！

くろうとってだれなんだよ、ってのはおいとくとしましても、だんだん安さばかりを自慢する気配が強まって、かえって安っぽさが出てしまってます。同時期に出ていた『冨士』昭和七年新年号の広告も、

見よ‼　大奮発！　大奉仕！　附録だけでもこの大壮観‼
安い！　実に安い！　タッタ八十銭　実物一見、驚かぬ者なし！

真面目な編集方針のものが多かった女性雑誌の中で、珍しく下世話ネタばかりだった『奥の奥』（タイトルからして意味深）の広告も、やけくそ気味な安っぽさ全開。

ヒットだ　当った　沸いたぞ　評判だ　評判だ（一九三六年一月号）
やったな、凄い人気だ。ピンピンはねる新鮮さだ。（一九三六年五月号）

＊

このへんが最後の花火でした。新聞広告を俯瞰すると、やはり一九三五年くらいからは広告のコピーやビジュアルも真面目なものが増えていきますし、雑誌広告の記事見出しも戦争ネタばかり。生活感やエンターテインメント性に乏しいものになっていきます。

明治、大正と新聞の一面広告を中心に見てきたので、流れでいったらこのあと、戦前昭和の新聞一面広告についても触れなければならないところですが、正直いって、つまらないんです。型破りで実験精神にあふれていた明治時代。産業や商業の発展で派手な宣伝競争を繰り広げていた大正時代。その両時代に比べてしまうと、戦前昭和はやはり、暗いしカタいしつまらない。

そんななか、読売は一九三六年（昭和一一）一二月三一日付を最後に、一面全広告を取りやめます。方針を変えることについて、社告でもっともらしい理由を述べてるのですが、ぶっちゃけ、真の理由は広告の出稿が減ったから、だと思います。

軍需景気で潤っていた産業もあるにはあったのでしょうけど、そういうところは軍から仕事をもらうのだから、新聞に広告を出す必要などないわけです。

一面全広告の嚆矢《こうし》であった朝日もついに、一九四〇年（昭和一五）九月一日から一面に記事を復活させます。朝日はなんの説明もいいわけもせず、一面全広告をはじめたときと同様に、終わるのも突然でした。

朝日・読売の一面全広告の終了は、自由な経済活動が後退し、時代が大きく変わっていくことを予感させる変化でもあったのです。

# 第十章　たとえ何度この世界が滅びようと、僕はきみを離しはしない

今日はみんなありがとう！　武道館スリーデイズ、最終日の夜も最高だったぜ！

最初は、オレひとりで安物のギター抱えた路上ライブだった。それがデュオになり、バンドになり、仲間に加わるものもいれば、去っていくものもいた。一番多いときには一五人の大所帯で、移動とか弁当の手配とかハンパなく大変だったけど、いま、このステージにソロプロジェクトとしてひとりで立ってると、なんか、むかしふり返って感慨深いっていうか、あ、なみだ出そう。

だいじょぶ。オーケー、心配しないで。メジャーデビューがなかなか決まらなくてくさってた時期に、バイト先の牛丼屋で正社員にならないかって誘われたときには、オレ自身、すっげえ心がグラついた。メンバーの半分がバングラデシュ人になったときには音楽性のちがいに悩んだこともある。

それでも、いつもオレたちの曲を聴いてくれるみんなの熱い応援があったから、あきらめることなく、前だけを向いて、ファンのみんなに支えられて、ここまで来れました。ホントにみんな、ありがとう！　ありがとう！　愛してるぜ！　じゃあそろそろ、名残惜しいけどラストの曲、いってみようか。「たとえ何度この世界が滅びようと、僕はきみを離しはしない」。みんなもいっしょに歌ってくれ！

＊

数千年のむかしから、人類は終末論に魅せられてきました。いずれ地球も太陽も消えてなくなることは、科学的にほぼ確定していることではありますが、それを終末論という人は、ほとんどいません。終末論のほとんどは、宗教的ヨタ話です。現代の日本でもいまだに、亡国論という名のヨタ……いえ、終末論を真面目な顔して唱える悲観論者が跡を絶ちません。

悲観論者のクセして、すごくエラそうな態度で、国が滅びるなどとデカいことをいって人々に恐怖を植えつける彼らは、何様のつもりなのでしょうか。予言者？　預言者？　占い師？　私は以前から、予言者気取りのペシミストをこう呼んでいます。スーパーペシミスト、略して「スーペー」もしくは「スーペーさん」と。

むかつくので、これまでに亡国を叫ぶスーペーさんがいったいどれほどいたのか検証してやりましょう。国会図書館の蔵書検索によりますと、「亡国論」と名のつく本（サブタイトルも含む）は、これまでに八〇冊近く刊行されています（二〇一一年五月現在）。

古くは一八九三年（明治二六）の『耶蘇教亡国論』にはじまり、一九三〇年代に最初の亡国論ブームが訪れたあと、戦後はしばらく、なりをひそめていたようですが、一九六六年の『農薬亡国論』で復活すると、七〇年代からこれまで、亡国論本は毎年コンスタントに出版され続けています。

＊

いくつかおもしろそうなものを見つくろって読んでみました。一九〇六年（明治三九）の『食パン亡国論』。この本の主張をひとことでまとめると「日本人は米を食え」。日本人はこれまで米を食ってきて健康だったのだから、パンなんて西洋かぶれのものを食わなくともよろしい、ってだけの主張が、いつのまにやら亡国論に。

戦後の亡国論でもっとも世間を騒がせたものといえば、大学教授だった暉峻《てるおか》康隆や池田彌三郎が六〇年代前半に唱えた「女子学生亡国論」でしょう。しかし彼らの実際の発言内容は、よくありがちなオヤジのグチと大差ありません。それをマスコミが勝手に亡国論と名づけておおげさに煽り立て、世間を巻き込む話題作りにまんまと成功したというわけ。お二人ともその程度のことだという自覚があったのか、本にはしていません。『女子大学生亡国論』という本は、騒動の一〇年以上あとにべつの人が書いたものです。これも基本的な趣旨は変わらず、学生気質の現場レポート&グチみたいなものです。

日本エッセイストクラブの『87年版ベスト・エッセイ集』に収録されてるのが「白化亡国論」。字面から内容を想像するのは、まず不可能です。マイケル……じゃないですよ。レタスのような白っぽい野菜に押されて緑の濃い青菜が八百屋の店頭から消えていくことに胸を痛めてますってだけの話。そしたらこのかた、胸でなく胃が本当に痛くなったらしい。で、自家製青汁をがぶ飲みしてたら胃潰瘍が治ったと、亡国論から怪しい民間療法へとテーマがズレていきます。民放BSでは、一日中こんな感じの健康食品のCMが流れてます。

いかにもオヤジたちのごきげんをうかがうようなタイトルの『フリーター亡国論』は、フリーターが日本を滅ぼす、みたいな若者叩きではありません。不安定で低賃金な若者の労働力に甘えているゆがんだ経済システムこそが、日本を滅ぼしかねないと警告する、とてもまともな本でした。

『セックスレス亡国論』。そりゃたしかに、セックスしなくなったらこどもができないんだから、国民がいなくなって国も滅びますわな。古今東西の性文化を語っていて、文化論の読みものとしてはおもしろいのですが、社会論として読みますと、ここで示される亡国の処方箋は「めんどくさがらずエッチしろ」という精神論のみなので、現実的な効果はまったく期待できません。

と思ったら、『セックスが地球を滅ぼす』なんて真逆なタイトルの本もあるんです。してもしなくても滅びちゃうらしいですよ。どうすればいいの？　しかし現実にはすでに、人工授精を利用すれば、セックスしなくてもこどもができちゃう時代になってるんですよねえ。つまり、セックスレスでも国は滅びないってことですか。

題名だけ聞くとムチャクチャな内容を想像してしまいがちなのが、一九七六年の『ニッポン亡国論』。でもこれ、明治以降に唱えられた亡国論をまとめた貴重な本なんです。やっぱり私以外にも、同じところへ目をつけてた人はいたんですね。

明治時代から一九七〇年代前半までに登場した四五種もの亡国論を取りあげているのですが、新書サイズなので概要をなでるだけで終わってしまってるのが残念。せっかくそれだけの事例をこつこつと収集したのだから、もっと著者のマニアックな思い入れを語ったり、おもしろポイントをいじったりしてほしかったですね。収録されたもののなかで珍説はといいますと、こたつ亡国論（怠け者になるから）。沢庵亡国論（くさいから）。ラジオ亡国論（うるさいから）。

＊

それにしても、亡国論の本がたった八〇冊とは、案外少ないと思いませんか。じつは、もう少し捜索範囲を広げると、亡国論と名乗っていないだけで、主張や論旨の組み立てはほぼ同じ、隠れ亡国論とでもいうべき本が、もっとざくざく出てくるんです。

さっきちょろっと紹介した、『セックスが地球を滅ぼす』みたいな本が、その正体。「〇〇が××を滅（亡）ぼす」「〇〇は滅びる」「〇〇は滅ぶ」という終末気分たっぷりなタイトルの本はこれまでに、三五〇冊近くも刊行されてます。

さすがにすべて読むのはムリだし、そんな悲観論ばかり読んでたら、こっちの精神が滅びかねません。そこでタイトルからわかる範囲で、著者のみなさんが、なにがなにを滅ぼすのか、なにが滅びると予言しているのかを探ってみましょう。滅びるものを多い順に並べたベスト5が、こちら。

国（国家）　七六
日本　六二
会社・企業　二三
地球　一四
人類　一二

どれも、できれば滅びてもらいたくないものばかりですけど、この結果からも一目瞭然、スーパーさんたちが滅びると心配しているものは、圧倒的に国か日本なのです。つまり「滅び」を題名に使う本の多くは、隠れ亡国論であることがわかります。次いで多いのが会社や企業。国や地球とちがい、会社は毎日、世界のどこかで滅びてますから他人事ではありません。このグループでは、「○○なき（○○のない）会社は滅ぶ」のパターンで経営者や従業員を不安に陥れるビジネス書が目立ちます。理念なき、とか、感動なき、とか、抽象的なワードをあてはめとけば、もっともらしく思えるんですよ。ビジネス書の多くは、ダメな人に夢と希望と精神論を売ってるんです。そもそもビジネス書を執筆してるビジネスコンサルタントなんて人たちが、ダメな人ですから。もしダメじゃなかったら、コンサルタントじゃなくて本物のビジネスをやって成功してるはず。

つまりビジネス書というのは、ダメな人がダメな人に夢を授ける本なんです。『理念や感動があっても、利益なき会社は滅ぶ』なんて、夢のない本は（たとえ真実を告げていても）ベストセラーになりません。

国や会社以外でなにが滅びるとされたのか、ランキング外の少数意見もご紹介します。

「おごる平家が滅びる」。歴史の定めです。

「北海道が滅びる」「奈良が滅びる」。こういうのは亡県論とでもいうのでしょうか。

「私たちが滅びる」。あきらめないで。

「あなたが滅びる」。殺人予告です。

「すべてが滅びる」。助けてー。

＊

滅ぶ（とされる）ものにはおおまかな傾向がありますが、反対に、なにが滅ぼすのか、なにで滅ぶのか、その原因や犯人に関しては千差万別です。ていうか、そこが著者ごとのウリになるポイントなので、他人と同じ原因で国が滅ぶといってしまったら、それはパクリか二番煎じになってしまいます。なるべくオリジナリティがある要因を滅亡犯に仕立て上げ、自分は意外な真犯人を暴いた救国の善人だとアピールするのがコツ。あ、この方法論は私の発明ではありません。あとで詳しくお話ししますが、亡国論の元祖と呼ばれる人の手口から学んだものなのです。

なお今回の集計では、明らかに小説、フィクションとわかるものは除きました。それと、この中には「○○は滅びるか？」といった反語表現のものも含まれています。そこの手の本は、「いや、滅びはしない」という結論で締めくくられることが多いのですが、今回はタイトルのみからの推測なので、滅びる可能性のあるものとして、機械的にカウントしたことをおことわりしておきます。

＊

亡国論を本にするとなりますと、いくらヨタとはいえ、原稿用紙数百枚分にまで話をふくらませなければなりません。それなりに骨の折れる作業です（そのふくらまし作業の過程で、亡国論はどんどん矛盾の度合いを増していくのですが）。

もっと手軽に亡国論を唱えられたらいいのになぁ……と、ためいきをついているスーパーさんおよび悲観的予言者のみなさん、私がお悩みを解決してさしあげましょう。

雑誌に単発記事として発表する手があるじゃないですか。これなら原稿用紙五、六枚から一〇枚分もあれば、じゅうぶん体裁が整います。

今度は、国会図書館の雑誌記事検索で亡国論を検索します。記事数にして一三〇あまり。この検索はすべての雑誌を網羅しているわけではないし、戦前の雑誌記事も対象外です。その条件下でもっとも古いのは、一九五二年の「パチンコ亡国論」でした。他には、宴会亡国論、入学試験亡国論……ずいぶん些細なことで国は滅びちゃうんですね。これじゃいくつ国があっても足りません。

検索結果を分析したところ、もっとも亡国論が好きな雑誌は、『Ｓａｐｉｏ』で、これまで一九本の亡国論記事を載せています。ただし亡国論特集が二度組まれてます。当然その際には複数の書き手による亡国論記事がまとめて掲載されますから、トータルの記事数は跳ね上がってしまいます。特集をまとめて一回分とみなし、亡国論が載った号数でカウントすると、これまで『Ｓａｐｉｏ』に亡国論が掲載されたのは五回となります。

単発記事として亡国論が載った回数がもっとも多いのは、『文藝春秋』で九回です。亡国論特集はなく、すべてが単発記事。表の王者が『Ｓａｐｉｏ』なら、裏番長は『文藝春秋』だといえましょう。それに続くのが『Ｖｏｉｃｅ』。特集が二度組まれていて、記事数は全部で九本です。

出版社別の数字でも、文藝春秋と小学館の優位は揺るぎません。文藝春秋発行誌では、『文藝春秋』の他に『諸君！』も亡国論を数度掲載しています。小学館は『Sapio』のみならず『週刊ポスト』も特集を組むほど亡国論が大好きです。

＊

ちょっと気になるのは、亡国論記事の年代別雑誌掲載数です。

| 一九五〇年代 | 六〇年代 | 七〇年代 | 八〇年代 | 九〇年代 | 二〇〇〇年代 |
|---|---|---|---|---|---|
| 6 | 3 | 11 | 8 | 27 | 62 |

九〇年代から増加傾向にありますが、二〇〇〇年代に入っての爆発的な増加はどうしたことでしょう。出版不況といわれ続け、雑誌の売り上げが減るなかで、滅ぶかもしれないという危機感が、記事内容にまで投影されているのでしょうか。だとしても、雑誌メディアは悲観論に傾きすぎじゃないですか。国が滅びるぞ、なんて悲観論ばかりの鬱々とした雑誌を、お金出して買ってまで読みたいと思います？　悪いけど、私

は買いませんね。もっと楽しい記事の載った雑誌を読みますよ。

亡国論の欠点のひとつが、この温度差なんです。亡国論を唱える者は、自分がいかに深刻な最優先課題を論じているかをアピールしてるけど、読者のほうは亡国論なんて読みたかないんです。あっちもこっちも右も左も亡国論だらけでは、電車内の吊り広告を見ても。ああまたか、とうんざりするだけです。

まあでも考えようによっては、新たな亡国論のアイデアをあたためていて、ぜひ記事にしたいとお望みのスーパーさんにとっては、いまがチャンス。悲観論が好きな雑誌編集部に持ち込めば、採用される確率が高いはずですから。

雑誌掲載記事から評判になって単行本化された亡国論の例もあります。悲観的にならず、どうか前向きにがんばってみてください。

＊

おっと、雑誌記事でも亡国論だけでなく、「○○が滅ぼす・○○は滅びる・滅ぶ」も検索してみますか？　なんとなく予想はつきますけど。

| 一九四〇年代 | 五〇年代 | 六〇年代 | 七〇年代 | 八〇年代 | 九〇年代 | 二〇〇〇年代 |
|---|---|---|---|---|---|---|
| 1 | 18 | 8 | 19 | 64 | 165 | 541 |

どんだけ滅びりゃ気が済むの。やはりこちらでも、二〇〇〇年代に入ってからの異常な伸びを確認できました。『日経トレンディ』も気づいてないと思いますが、どうやらこの一〇年、日本では亡国論と滅び論が隠れたブームになっていたようです。

では雑誌記事分析の最後に、滅ぶぞ滅ぶぞ滅びるぞ、と「滅び」記事をたくさん寄稿している悲観的執筆者ベスト6を紹介して讃えましょう（連載タイトルになってるものは一本としてカウント）。

| | |
|---|---|
| 堺屋太一 | 七本 |
| 櫻井よしこ | 六本 |
| 中西輝政 | 六本 |
| 渡部昇一 | 六本 |
| 石原慎太郎 | 五本 |
| 和田秀樹 | 五本 |

＊

日ごろから他人を辛辣に批判・嘲笑している識者ほど、えてして、ご自分が俎上《そじょう》に載せられると、笑う余裕もなく逆上するものです。来月あたり、「パオロとかいうふざけた名前のやつが日本を滅ぼす」みたいな滅亡論が、東京都の定例会見で述べられたりするかもしれません。それとも、「わたしらは、世を憂えて真面目に警告を発してやってるのに茶化しやがって」とおかんむりになってます？ よろしい。では、そろそろこちらも真面目にお答えしましょう。

個々の問題に対するみなさんの主張やご意見には、正しいものもあれば間違ったものもあります。ただね、個々の問題の正誤と、国が滅びるかどうかのあいだには、なんの関連もないんです。特定対象への批判が、一足飛びに亡国までいってしまう論理の飛躍がみえみえなんです。だから、亡国だの滅びだのと、きちんとした論証もできてない戯《ざ》れごとをいうのはおやめなさい、とご忠告申し上げているのです。

ありていにいえば、亡国論や滅び論は、私憤を大義にすり替えるための装置にすぎないのです。自分が個人的に気にくわない相手がいたり、そいつらがやってることが気にくわなかったとき、冷静にスジを通して批判するのでなく、そいつは国や世界にとっての敵だぞ、そいつが国を滅ぼすぞ、と感情的にわめき立てることで、お手軽に批判対象を公共の敵に仕立て上げようとする、せこいトリックなんです。

朝日新聞一九九六年三月二日の声欄に、三〇代大学講師の投書が載ってます。この投書者は、自分の嫌いなものに「亡国」のレッテルを貼る人はどの時代にもいるものだ、と的を射た指摘をなさってます。

ちなみにこの投書の趣旨は、夫婦別姓亡国論を唱えてる人たちはこっけいだとするものです。仮に夫婦別姓を選択できるようになったとしても、実際に選択する進歩的なカップルは全体の一割にも満たないだろうし、そんな夫婦は周囲から変わり者とウワサされるのが関の山。なにを脅えることがあろうか、と。

これにもまったく同感ですね。私個人は夫婦別姓はイヤですが、やりたいって人には認めてやればいいと考えてます。朝日の投書欄は、シロウト考えの感情論が多いと批判されがちですが、ときには鋭い指摘も載るんです。願わくば一五年後の現在、まともな観察眼と判断力をお持ちのこの投書者が、講師から准教授か教授に昇格してくれてますように。

私らのような若手（といっても四〇すぎてますが）の批判に耳を貸さないというのなら、偉大な先人に教えを請いましょう。大正末に出版された『貘《ばく》の舌』という評論集で、内田魯庵《ろあん》はすでに亡国論のいかがわしさを見抜いています。

魯庵はこういいます。新しい文明が燎原《りょうげん》の火のごとく広がるときは、いつでも古い文明を脅かす。鉄道が敷かれれば街道の宿駅の連中が騒ぐ。自動車が増えれば馬車が廃れる。活動写真が流行れば寄席が廃れる。そのたびに、新たなものを排除せんと、亡国論が台頭するのだ、と。

ここで具体的に魯庵が批判している対象は、佐田《さた》介石《かいせき》というお坊さんが明治初期に唱え、一部で熱狂的支持を集めていた「ランプ亡国論」です。

## 元祖亡国論

ことの発端は、明治九年、佐田が『世益《よます》新聞』に書いた「ランプの戒め」でした。新聞と名はつくものの、世益新聞は実質的に佐田が個人で発行していた雑誌でしたから、好き勝手なことを発表できたんです。

亡国論を集めた本、『ニッポン亡国論』の著者である山名正太郎さんは、ランプ亡国論がおそらく最初期の亡国論のひとつであろうといってます。私も今回いくらか調べましたが、たしかにこれより古いものはなさそうなので、ランプ亡国論を元祖亡国論と認定してもかまわないと思います。これより前にあったとしても、それは新聞雑誌など活字メディアから無視されるほど些末な意見にすぎず、〝論〟とまではいえません。

ランプ亡国論をひとことで説明するなら、極端な保護貿易論です。ランプ、もしくはそれに使う石油といった外国のものを輸入すると、巨額のカネが国外に流出し、在来の産業が滅び、日本が滅びる、とする説。

魯庵は「この説は産業の移動進化を想像しない極めて幼稚な思想である」とバッサリ。べつに国際経済の専門家でなくとも、佐田の説が極論であることは容易にわかります。百パーセント自由貿易にすればすべてうまくいくとする自由貿易信者の説も、むろん極論ですよ。でも、貿易をせずにすべて国産品でまかなえというのも、どだい無理な話です。

保護貿易を支持するだけならまだしも、それが亡国論となりますと、必ずといっていいほど論理の飛躍があります。佐田はランプがおよぼす大害を、一六個も並べ立てました。

一に毎夜金貨大減の害

二に国産の品を廃物となすの害

三に金貨の融通を妨げるの害
四に農や工の職業を妨げるの害
五に材木の値上げさするの害
六に洋銀をますます広むるの害
七に船来のこやしを入るる道を開くの害
八に消防の術も及ばざるの害
九に人を焼死さするの害
十に全国ついに火災を免れざるの害
十一に火もとを殖やし増すの害
十二に市街村落ついに荒土となすの害
十三に五盗ますます増し殖やすの害
十四に罪人をますます増すの害
十五に眼力を損し傷むるの害
十六に家宅品物及び人の鼻目までくすぶるの害

極論の見本市ですね。十六の害とかいってますけど、八、九、十、十一は完全にかぶってるし。十三と十四もかな。

まともに反論するのもバカらしいのですが、日本古来のあんどんや提灯などの照明器具のほうが、紙や木でできてるぶん、倒れただけでもすぐ燃えて火事になりやすいのは明らかです。実際、江戸時代にも火事はとても多かったんだし。なんで農や工の職業の妨げになるのかもわからんし、材木の値上げなんてのは風が吹けば桶屋が儲かる式発想だし、ランプのせいで犯罪者が増えるって理屈もわかりません。

このように、デタラメもいいとこですけど、私はちょっとすごいなと感心してしまいました。

なにがすごいかといいますと、亡国論の元祖にして、いまに通じる亡国論の骨組みを完成させてしまってるところです。自分の気にくわない対象が、経済に害をなす、雇用を奪う、治安を悪化させる、健康を損なうと主張して、だからやつらは国を滅ぼす、と、「だから」の部分で論理がワープしてしまうこのやりかたはどうですか。いま唱えられている亡国論や滅亡論の主張を整理すれば、ほとんどがこのやりかたに還元できます。みんな無意識のうちに佐田のやりかたを踏襲してるんです。

それでも、ランプの害だけでとどめておけば、おもろいことというオッサンだな、くらいで済む話。しかし佐田はランプだけでは飽きたらず、洋傘、鉄道、牛乳、簿記など、西洋起源のものはすべて亡国のもとになる！　と攻撃をエスカレートさせていきます。ランプ亡国論の前に、天動説の正しさを主張することで有名になった人だったと聞けば、そういう方向へ進むのもむべなるかなといった感じですか。

当時だって、ある程度学《がく》のある人たちは、佐田の説にあきれていたし、あからさまに嘲笑する者も少なくなかったようです。『古今人物狂詩百面相』（明治一九年）という偉人や有名人を茶化した本でも取りあげられてます。

評判ノ介石　姓ハ佐田。頭ニ洋燈ヲ戴キ　法螺鮮カナリ。洋品ヲ用ルハ総テ馬鹿ト嘲リ己レ安閑ト蒸汽船ニ乗ル

すでに佐田は明治一五年に死んでいたにもかかわらず、かなり辛辣な貶めかた。とはいえ佐田もスネに傷持つ身。生前、自分の気にくわない連中や、自分に反論する者を馬鹿番付として発表し、おおいに嘲っていたのは事実です。

晩年は輸入品排斥論の講演で日本全国をまわっていたのですが、京都の講演会で、会場にいた問屋の手代から、本日和尚はここにどうやって来られたかとたずねられ、汽車で来たと答えると、なるほど西洋のものは便利ですなあとやりこめられてます

（朝野新聞一八八一・七・七）。ですから、おのれ安閑と蒸汽船に乗る、ってのもほぼ真実なんです。自分は便利に使っておきながら、他人には亡国だから使うなと強要するのは、もっともアンフェアなやりかたですよね。

明治一五年一一月の諷刺雑誌『團團珍聞《まるまるちんぶん》』は、ランプどころか、ガス燈やら電灯やら文明の利器が続々登場するご時世では、佐田がなぎなたわらじで駆けて歩いても、しょせん追い付きそうもねえわい、と皮肉っています。

亡国論仲間の『食パン亡国論』（明治三九年）の著者でさえ、序文で、本書をランプ亡国論のような排外思想だと早合点してもらっては困ると釘を刺しているくらいです。佐田の死後もなお、ランプ亡国論はトンデモ論の代名詞として語りぐさになっていたのです。

一方で、佐田の説が語りぐさになるほど有名だったのは、一部に熱狂的支持者がいたからでもあります。メディア間でも佐田の扱いには温度差がありました。読売新聞には佐田を取りあげた記事はほとんどありません。死亡記事を含めて三本ほどしかありません。ほぼ無視を貫いてます。ところが朝日は、佐田が全国を遊説した様子をかなりの記事数で伝えており、やや好意的な様子が見て取れます。

民衆のあいだにも熱狂的な信者がいました。長野県のある村では、佐田の説教に感化され、ランプ、洋傘はもとより、イスに到るまで、舶来品をすべて売り払ったといいます（朝野新聞一八八〇・九・一七）。

内田魯庵がランプ亡国論について書いた大正末には、すでに佐田の死から四〇年ほども経過しており、完全に過去の人でした。その時点で魯庵はこうつぶやいてます。太陽暦が正式に採用されたものの、日本ではいまだに太陰暦が重宝されている。干支や九星なんてものが知識階級にさえもありがたがられているのだから、日本はまだまだ天動説時代なのだ。もし、いまの世に介石がよみがえったら、以前よりも信者が増えるかもわからん。

その予想を裏づけるかのように、昭和九年、浅野研真の『佐田介石　明治初年の愛国僧』が出版され、佐田は再発見されるのです。戦後に書かれた佐田介石についての本や雑誌記事、ネット記事のネタ元は、たぶんすべてこれだと思われます。もしくは、この本を参考にした本からの孫引き。

佐田についてもっとも詳しくまとめられた本でありながら、執筆時点で死後半世紀もたっていたせいか、ここに書かれている佐田の経歴には、あいまいなところが多々あります。

肥後国八代郡（現・熊本県）の浄立寺の子として生まれ、のちに同県の正泉寺に養子に行き、佐田姓を名乗るようになった、とあるのですが、いつ養子に行ったのか、それすら明記されてません。おそらく成年後に婿養子として入ったのでしょう。

というのは、一八歳のころから、母の仕送りだけを頼りに、人里離れたところに何年もこもって勉学に励んだ結果、天動説の正しさを確信したとかいう、神童が変人になる過程の見本みたいな逸話があるのですが、そんなことに協力する母はおそらく実母です。養子に行った先では、そんなわがまま通りませんよね、普通。だから、成年後に婿養子に行ったんじゃないかな、というのが私の推測。

しかし浅野の著書では、佐田は変人あつかいなどされていません。佐田にまつわるマイナスイメージのエピソードや世間から受けた批判も、ほとんど取りあげられません。インキンタムシの治療と称し、酢を入れた鍋をコンロにかけて、そこに金玉をひたして温めていたなんて愉快な逸話（『明治大正傑僧秘談』）も、むろん無視されてます。

それどころか、佐田は明治の愛国僧であり、インドのガンジーに匹敵すべき、燃ゆるがごとき民衆の支持を受けた人物、とかなり偏った評価で、聖人としてまつりあげられているのです。

時期的なものがあったのでしょう。このころすでに日本は戦争モードに突入していました。英米憎しと、西洋文化を否定する風潮が盛り上がっていく中で、おお、明治時代にも、西洋文化を排斥すべく活動していた愛国者がいたではないか、と再評価につながったのだと思われます。

冷静に考えれば、西洋文化だけを排斥しろってのもヘンな話ですよね。漢字など日本文化の多くは、もともと中国から輸入されたものですし、外国の文化を排斥したいのなら、横文字だけでなく漢字も使っちゃいけないことになるはずです。けど、亡国を唱える者たちにとっては、自分にとって都合の悪い事実は目に入らないんです。

私はダメな人を否定しません。偉人よりもむしろダメな人にシンパシーを感じますし、ダメな人ががんばっていると応援したくなります。嫌いな人物のことをあれこれ調べているうちに、なんかこの人おもしろいな、と好感を抱くようになるのは、私にとっては珍しいことではありません。でも佐田に関しては、いくら調べても、人間味に欠ける秀才、頭でっかちのカン違い野郎というイメージを払拭することはできませんでした。

現在でもなお、貿易自由化をめぐる論争はことあるごとに再燃しています。今後もどこかのおっちょこちょいが、佐田介石を再再発見、再再評価することがあるのかもしれません。

## 亡国よりも大切なこと

このように、過去、数百、数千の論客が、亡国論や、滅ぶ滅ぼす滅びる論を唱えてきました。では、答え合わせをしてみましょう。どうです？　日本は滅びましたか？

科学的・論理的な思考をする上でなにより大切なのは、現実の結果から判断することです。「こうなるはずだ」は予断・予言にすぎません。「どうなったか」を検証する過程を経て、はじめて仮説は理論になるのです。

現実の結果は、いうまでもありません。これだけ膨大な数の亡国論、滅び論が唱えられてきたにもかかわらず、日本は滅びてませんよね。てことは、亡国論はことごとくハズれだったという結論になります。

予想がハズれるだけなら、いいだしっぺの失点となるだけで済みます。でもちょっと待ってくださいよ。これまで「○○が日本を滅ぼす」と名指しされ糾弾されてきた数百もの○○の名誉はどうなるんです？

個々の問題について、○○が犯人であるかどうかはべつとして、結局日本は滅んでいないのだから、少なくとも亡国犯・滅亡犯としての告発に関しては、明らかに冤罪じゃないですか。だれかそのことで謝罪した識者がいましたか？　亡国論、滅び論は冤罪製造装置でもあるんです。だからまともな知性と倫理観を持つ者は、亡国論なんてのを気安く口にすべきではないんです。

反論がきそうなので、先回りしていっちゃいましょう。「おれが亡国の警告を発したから、事態が改善され、亡国の危機をまぬがれたのだ」。

残念でした。それは論理的な証明になっていません。「仮にあなたが警告を発しなかったとしたら、日本は滅びていた」ということを確実に証明できないかぎり、あなたが正しかったことにはならないのです。「あなたが警告を発しなくても、日本は滅びていなかった」可能性もあるのですから（わかんない？ だったら論理学を基礎から勉強してください）。

オレが警告したおかげで滅びなかったという自慢を聞くたびに、私はむかし読んだSF小説を思い出します。ネタバレになりそうなので書名は伏せますが、地球がある日突然、異星人に占領されて大混乱を生じます。しかし、ある日突然、異星人は消え失せるのです。すると、「私が発明したナントカ装置によってヤツらを追い払ったのだ」「わが村の祈禱師の祈りが天に通じたのだ」などと、自分の功績だと主張する者が世界中にあらわれます。それを証明できる者がだれもいないのをいいことに。

＊

厳密にいえば、日本は一度滅びました。太平洋戦争の敗戦によって、大日本帝国という国は滅び、日本国として再出発したのですから。そうなりますと、これまでで唯一、正しかった亡国論は、「戦争亡国論」だったことになります。戦争が日本を滅ぼしたのです。

なのに、日本は滅びたという事実に打ちひしがれている日本人など、どこにもいません。国の正式名称と政治体制が変わっても、大多数の日本人はそれまでと同じように暮らしてきました。それどころか、新体制を持ち込んだアメリカを歓呼の声で迎えました。だれも滅びたことを苦にしてないし、気にしてない。そしていまや、戦争が国を滅ぼしたという事実を忘れ、まったく別のどうでもいい要因で国が滅びると心配しています。

世界史を概観しましても、戦争以外の要因で国が滅びるのは珍しいし、滅びたといわれる場合でも、国民全員が国を追われるなんて事態にはなりません。政治体制が変わるだけのことが多いのです。

みなさん、どうかご安心ください。国はめったなことでは滅びないのですから。

逆に私は、滅びないというその事実にこそ、ゾッとするのです。

*

去年、広島・岡山方面に観光に行きました。岡山駅の売店で、ままかりの酢漬けの試食が入った器をひっくり返してしまったのは私です、ごめんなさい。倉敷、宮島などをまわり、もちろん原爆ドームや資料館にも足を運びました。原爆によって焼き払われた大地を見た人たちは、ここには今後数百年は、草も生えないだろう、とうわさしたそうです。でも、広島は滅びませんでした。数十年で奇蹟のような復活を遂げました。

それはもちろん、喜ばしいことです。けど、ちょっと複雑な思いにかられました。ひょっとして、人類がどんなに悪質で残虐非道なことをしても、政府や政治家がどんなデタラメな政治をしでかしても、国も地球も滅びないんじゃないか？

核爆発でも日本は滅びなかったんですよ。○○が国を滅ぼす、といってる人たちは、その○○が原爆よりも破壊的な被害をもたらすと、本気で考えてるんですかね？

滅びるのはいつも、個人、家族、会社、地域社会といった小さなものばかりです。国や地球や人類はなかなか滅びない。

悪いことをする連中は、とっくにその事実に気づいていて、確信犯的に悪さをしているのではなかろうか？　オレがなにをしようと、国も地球も滅びない。だから、オレはなにをしてもいいのさ、という理屈で、彼らは悪事を正当化できるのです。識者のみなさんは、「そんなことをしたら国や人類が滅びるぞ」と脅しをかければ事態を改善できるとお考えのようですが、現に日本が滅びてない以上、その脅しはなんの抑止力にもなりえないんです。

＊

われわれは、どうやら優先順位をまちがえていたようです。国や世界なんて大きなものは、めったなことでは滅びないのだから、他の人にまかせておけばいいんです。もっと身近なもの、自分の身の回りの人や家族やご近所など、滅びやすいものが滅びないよう、努力をかたむけるべきです。それは自分にしか守れないんですから。

近所のガキが悪さしたら叱りなさい。電車や公共の場での迷惑行為に抗議しなさい。リードをつけずに犬の散歩をしているルール違反の飼い主を注意しなさい。自分が所属してる職場や学校で起こっている具体的でちっぽけな問題に向き合い、ちょっとでもよい方向へ向かうよう、努力してみてください。

どうでもいい歴史や思想を語って国を憂うヒマがあったら、自分の身の回りに目を向けるべきです。小さな問題を解決しようと体を張らない人間に、国が滅びるなどと大口叩く資格はありません。デカい思想を語るだけの思想ヒーローは、実際には世の中を一ミリも動かしてないのです。

大切なのは、みなさんひとりひとりが、身の回りの問題に取り組むローカルヒーローになることです。うまくいくとはかぎりませんよ。無視され、悪罵を投げつけられ、疎まれ、傷つくこともあります。そういう目にあうことは、一足先に実践してみた私が保証します。それでもなお、やろうとし続ければ、必ず理解者はあらわれます。なにもしないで理屈をこねるだけなら自分は傷つかないけど、なにかを変えることもできません。

共感していただけましたか？　ダメ？　やれやれ、論理的に正しい結論が、つねに説得力を持つとはかぎらないようです。

文庫版おまけ

# 諸説あります。

ちかごろテレビCMで頻繁に目にする言葉といえば、「CM上の演出です」。いまやCMでもコンピューターグラフィックス（CG）を使って、通常ならありえない動きや状態を簡単に表現できるようになりました。たとえば、高速道路を走るクルマに駆け足で追いつき、ドライバーに商品を勧めるなんておおげさな演出も、CG合成を使えばとてもリアルに表現できるわけです。

ところがあまりに映像がリアルになってしまったため、なかには目にしたCM映像を真に受けてしまう人が出てきます。

おい、高速道路を人が走ることは、道路法で禁じられてるはずだ。法を無視してこんな危険な撮影をして、なおかつそれを宣伝に使うなんて、けしからん！

お客様、ご指摘ありがとうございます。私どもは、CM画面に「CM上の演出です」と表示させていただいております。これによって、このCM映像は作りものであること、現実の映像ではないということを視聴者のみなさまにお伝えしているのです……。

現代の企業は大変ですね。むかしはクレームをつけられても無視して泣き寝入りをさせたもんです。気に入らないなら買わなくていいよ、と開き直ればそれで済みました。昭和はホントに気楽な時代でしたね。

それにしてもこういう話を聞きますと、よのなかには、見たもの聞いたものをなんでもすぐに鵜呑みにしてしまう、とても純粋なかたが想像以上にたくさんいるのだということのほうに、驚いてしまいます。

＊

ところで、ものごとの歴史的由来や言葉の語源などを紹介するテレビ番組で、頻繁に目にする言葉といえば、「諸説あります」。

由来や語源というものは、なかなか特定しにくいのです。これしかない、ってはっきりわかる証拠があって研究者一同が納得できればいいのですが、強力な証拠がない場合、いくつか説が並立することになります。

学者や専門家の間でも意見がわかれている場合に、一方だけの説を真実であるかのように取りあげるのは不公平だから、「諸説あります」の出番となるのです。異論を唱える衆に仁義を通す役割を担っているわけです。

ごめんなすって、「諸説あります」でござんす。本日、当番組ではこの説を代表的な説として紹介させていただきやしたが、お歴々のなかには、異論をお持ちのかたがいらっしゃることも、重々承知しております。しかしテレビには尺《しゃく》ってぇもんがございやす。すべての説を紹介してたら放送時間におさまりませんので、ここはひとつ、あっしの顔に免じて、「諸説あります」ってぇことでご勘弁願えませんでしょうか。

これで手打ちとなるのが通例なのですが、今日はあえて、水を差すようなことをいわせていただきやしょう。

歴史の由来や語源に関して「諸説あります」といえるのは、いくつかの条件をクリアした場合にかぎられます。まず、その諸説のどれもが学問的な方法論によって可能な限り検証されていること。そうして根拠のない俗説をしりぞけてもなお、どの説が正解か白黒つけられない。

この状態になって、はじめて「諸説あります」といえるのです。

ところが現実には、箸にも棒にもかからない迷信を信じてる連中やら、それを都合よく商売に利用したい連中やらが、便利ないいわけとして、「諸説あります」を使ってるケースがあるんです。

ありがちなのは、いわゆる都市伝説みたいな説を持ち出してきて、「諸説あります」と主張する例です。都市伝説というのは、それを証明するまともな証拠が存在せず、ともだちのともだちから聞いたんだけどさ、ってレベルの、うわさ話のことです。つまり、

証拠があれば、それは伝説ではなく、れっきとした「説」になります。つまり、「説」にすらなれていない都市伝説は、ほぼ百パーセント、ウソなんです。

歴史を研究する者が絶対に避けなければいけないのが、証拠のない説を主張することです。証拠となる史料をもとに、論理的に説の正しさが証明されないかぎり、それは歴史的事実とはなりません。

ですから都市伝説は「諸説」に含めることすらできません。しかしその支持者たちは、「信じる、信じないはあなた次第」などと負け惜しみをいうのです。信じねえよ、ウソなんだから。

ところが困ったことに、よのなかの大半のかたは歴史を学問として見ていませんし、オカルト好きな人もかなり多いので、史実よりも都市伝説のほうが支持されてしまうことが往々にして起こります。

最近の実例。二〇一四年七月、ＮＨＫ朝ドラの『花子とアン』の劇中で、「銀ブラ」という言葉は、銀座をブラブラ散策するという意味ではなく、銀座でブラジルコーヒーを飲むという意味なのだ、とする説が花子らのセリフによって語られました。すぐさま、美輪明宏さんのナレーションが、「こういう説もあるのです」とそれをフォロー。「諸説あります」の代わりだったのでしょうか。

私は以前この説を耳にしたときに、絶対ウソだろうな、と疑ってました。だって、日本語の用法としてヘンだからです。原宿でパンケーキを食べることを「原パン」と略しますか？　道頓堀でたこ焼きを食べることを、「道たこ」と略しますか？　そんな「地名＋流行の飲食物」みたいな略しかたをする例が過去にありましたか？　ないでしょ。なのに、銀座でブラジルコーヒーを飲むことだけが「銀ブラ」と略される？　不自然すぎます。

ところがネットを検索すると、このブラジルコーヒー説になんの疑問も持たず鵜呑みにしてる人や、得意げに雑学自慢する人が予想以上に多いことにびっくりしてしまいました（以下の例は、ネット上の文章を要約したもので、原文ママの引用ではありません）。

「「銀ブラ」の意味をご存知ですか？　正解は「銀座でブラジルコーヒーを飲む」です」

「「銀ブラ」という言葉の本当の意味は全く違っていた。今まで「銀座をブラブラ歩く」ということからできた言葉だと思っていたが、実はそうではないということだ」

「なんと！「銀ブラ」の語源とは「銀座をブラブラ歩く」という意味ではなくて「銀座のパウリスタでブラジルコーヒーを飲む」という言葉の略語だったのです！」

「テリー伊藤が、「銀ブラ」は銀座でブラジルコーヒーを飲むことだって言ってた」

「たしか、トリビアの泉でもやってた」

なんと！　非常に残念なおしらせですが、ガセネタに振り回されてるのはみなさんのほうなんですよ。ブラジルコーヒー説は正解ではありません。本当の意味ではない、単なる俗説です。テリーさんもダマされてます。しかも『トリビアの泉』ではこのネタは紹介してません。放送したのは、同じくタモさんが司会をしてた『ジャポニカロゴス』のほうでした。

というわけで、この機会にはっきりさせようと図書館で調べたら、すでに星田宏司さんと岡本秀徳さんが『「銀ブラ」の語源を正す』という本で完全に検証済みでした。私の出る幕はなさそうです。

この本には、ブラジルコーヒー説を否定するほぼすべての証拠史料が網羅されてます。私も自分で史料を確認してみましたが、お二人の調査内容に異議を唱えるところはありません。文化史の調査として、なんの問題もありません。

というかクドい。二人がべつべつに調べて書いた文章をあわせて一冊の本に収録してあります。本の前半と後半で、情報がかなりダブってるので、同じ説明を二度聞かされたような気分になってしまいます。

ブラジルコーヒー説は、二〇〇八年に出版された『日本で最初の喫茶店「ブラジル移民の父」がはじめたカフェーパウリスタ物語』という本のなかで、著者の長谷川泰三さんがいいはじめた説だったそうです。

この長谷川さんというのは、カフェーパウリスタの経営会社である日東珈琲の元社長です。カフェーパウリスタが大正時代にオープンしたときに、「ブラジルコーヒー」というのをウリにしてたんです。当時、慶應大学の学生たちが銀座のカフェーパウリスタによく来ていたって逸話を本に書くなかで、銀ブラは銀座でブラジルコーヒーを飲むって意味だったのかもね〜、みたいな独自説を披露したところ、それがテレビなどでおもしろおかしく取りあげられて、いつのまにか事実であるかのように広まってしまったようなんです。

現在でも銀座で営業を続けているカフェーパウリスタは、この説を積極的に営業宣伝に利用して、来店した人に銀ブラ証明書なるものを発行したりしています。

ですが、長谷川さんが自説の根拠として提示している史料を読むと、肩すかしを食らいます。当時の慶應の学生たちは、銀ブラという流行語を作ったのはオレたちだ、みたいなことはたしかに匂わせているのですが、銀ブラは銀座にブラジルコーヒーを飲みに行くことの略だとは、だれも、ひとことも、いってないのです。この点においては、星田・岡本両氏が主張するとおり、長谷川さんが文献を誤読、拡大解釈していることは明白です。

よって、銀ブラの語源がブラジルコーヒーという説は、歴史学上は根拠のない説として否定されるのです。白黒つけろといわれたら、黒、と断定してもかまわないレベルの俗説です。諸説に含められないまちがいなので、「諸説あります」とはなりません。

＊

しかし、話はここで終わりません。こういう場合、えてしてさらにおもしろい社会現象が起こります。文献学的・論理的に説を否定されると、ヘソを曲げてヘリクツで反論してくる人があらわれるのです。

そういう人の心理はだいたい想像がつきます。みんなが思いこんでる常識に対し、それウソだよー、じつはね……と雑学を披露すると、えー、知らなかった！　とみんな驚いてくれるわけです。自分が雑学知識によってよのなかの迷妄をただし、人々を真実の方向へ導くことの快感に酔いしれていたのに、じつは自分が誤った道へみんなを誘導していたのだ、と気づかされ、一気に酔いが醒めてしまうわけです。

わざとじゃないから罪はないけど、面目丸つぶれ。うわあ、あの人、俗説を信じて他人《ひと》に広めてたよ、かっこわる〜、なんてうしろ指をさされてる気がして恥ずかしいったらありゃしない。

そういうときは、あの説、まちがいだったんだって、ごめん、私もすっかりダマされてた！　と正直に認めてしまったほうが、印象がよくなるんです。だけど、負けず嫌いの人たちは、自尊心が傷つくのに耐えられないので、余計ないいわけやヘリクツをかましてしまいがち。たとえば、こんな感じ。

「花子とアン」はフィクションなんだからいいじゃん。ここで史実を出すのは無粋です」

「先ほどつぶやいた銀ブラの件は、俗説じゃないかという情報があったので、訂正します。まあでも一〇〇%確定じゃないし、好きな方に解釈してもいいかな…w」

「チョット間違えてるんじゃないか。私はこう思うなぁという程度の私見にすぎないのに、「銀ブラの語源はブラジルコーヒーではない」とギャンギャン喚き立てるのは無粋」

「白・黒つける必要のないお話だったみたい…」

強いコーヒーとやさしいミルク、白黒つけないカフェオーレってグリコのCMソングは名曲だと思います。ペーパードリップ、ネルドリップ、コーヒープレス、どうやってコーヒーを淹れるのがおいしいか、それは個人の好みによりますので白黒つけられません。

だけど、銀ブラの語源に関しては、白黒つけちゃってるんですよ。

こういういいわけに共通するのは、事実（史実）の探求という問題を、無粋だの好きな解釈だのと、感情論にすり替えている点です。

似たようなことは日常生活でもしばしば見られます。迷惑行為を注意された者が、注意した相手のいいかたが悪いだのとケチをつけて批判の矛先をかわし、自分の失点をカバーしようとする小ずるい行為。

電車のなかで走り回ってるこどもをコラッ、やめなさい！と叱ったら、親がしゃしゃり出てきて、「ウチの子が悪いのは認めますけど、そんないいかたしなくてもいいじゃないですか。こどもが傷つくじゃないですか」と、加害者側のくせに被害者感をアピールされるケースみたいな。

でも学問の領域でこの手のズルをやるのは卑怯なルール違反です。証拠にもとづいた事実認定の論戦で負けたら素直に認めないといけません。負けて悔しいからといって、相手の論じかたが粋かどうかなどと、美学や感情論で相手に難癖つけるのは、それこそ江戸っ子の風上にもおけねえ究極の無粋ってもんです。

『「銀ブラ」の語源を正す』の著者たちは、史料にもとづいて学問的・客観的に論証しています。私の目から見ても、その方法論は正当です。まあ、文章が生硬でシロウトくさいともいえますけど、それが主張の内容を損なってるわけじゃないですから。

*

あらためて考えてみると、これ、けっこうコワいことじゃないかと不安になってきます。たったひとりの男が唱えた珍説が、さも事実であるかのようにテレビなどで取りあげられ、最初はこういう説もあります、という扱いだったのに、マスコミやネットの口コミで伝わるうちに、仮説が真実にまつりあげられてしまうのです。

こんなことは、めったに起こらないだろう？　いや、それがそうでもないんですよ。たったひとりの男が捏造した珍説が、あたかも史実であるかのように広まってしまった例で、近年もっとも有名なのは「江戸しぐさ」です。

江戸時代にはみんなが実践していたマナーだった、江戸時代の人たちは現代人よりも礼儀正しく暮らしていたのだ、との主張ですが、学問的に検証すると矛盾だらけ。史実を無視した、まったくのデタラメであることは明白なので、まともな歴史学者や研究者は相手にしません。

江戸時代にも現代にも、公共マナーを守らない人はたくさんいます。『世事見聞録《せじけんぶんろく》』という江戸後期の書物には、ちかごろの人たちはどいつもこいつも礼儀知らずになっ江戸時代もいまも、人間の姿はまったく変わりません。よのなかには、公共マナーを守らない人がいます。そして、それに憤慨する人もいる。むかしはこんなじゃなかったはずなのに……と嘆くのです。でも、そう嘆く人が理想とする過去も、状況はまったく同じか、もっとひどかったんです。

たったひとりのおっさんが創作した江戸しぐさは、鉄道のマナー広告に使われたことで知られるようになり、テレビや新聞がその裏をとらずに無責任に広めてしまいました。そのせいで、いまだに本当だと信じてる人がたくさんいます。

＊

現在に不満な人は、未来に期待せず、過去を美化して懐かしむのです。歴史の中でもっとも捏造されやすいのは、庶民史と文化史なんです。

# あとがき

「大阪城を造ったのは、だ〜れだ？」

「豊臣秀吉！」

「ブッブー。正解は、大工さん」

日本各地に同様のなぞなぞがあって、こどもたちのあいだで語り継がれていることでしょう。

歴史の授業は退屈で苦痛な時間でした。なぜなら、歴史上の偉人が何年になにをしたかなんてことばかり教えるから。私は偉人や武将の生きざまになど、興味がありません。ヒーローやカリスマなんていわれてる連中には反骨心を燃やす、ひねくれたこどもでした。

でも、城を造った名もなき大工さんやその家族には、とても関心があります。むかしの名もなき庶民は、日々どんな暮らしをし、どんなことをおもしろがっていたのか、そういう小さな歴史なら知りたいのです。私にとって意味のある歴史とは、庶民史と文化史なんです。

そういうわけで、これまでにも、日本人はいつからふれあいが好きになったのか、むかしの親はこどもから尊敬されてたのか、といった、どうでもいいことばかり調べてきました。今回のネタも、その延長線上にあります。土下座ブーム、先生という敬称、全裸、牛、やせ薬の広告……いずれも、大きな歴史の流れにロマンを感じるような人たちや、戦国武将に萌える歴女《れきじょ》のみなさんは見向きもしないものばかりでしょう。司馬遼太郎的な歴史観より、山本周五郎的な歴史観のほうが好き、といえばわかりやすいでしょうか。かえってわかりづらい？

今回いろいろ調べてみて、庶民史・文化史に関しては、雑誌とネットは案外頼りにならないってことがわかりました。新聞は事件を速報し、雑誌はそれをさらに詳しく掘り下げる、という住み分けができていると期待していたのですが、実際には、雑誌の記事内容は新聞記事と比べても、さほど内容が濃いとはいえませんでした。

ネットに関しては、ご自分の経験談はべつとして、ネタ元が書いてないものがかなり多く、参考資料としては使えません。なにかの本の書き写しだな、と疑われるものや、それ、どこで調べたの？　と問いつめたくなる記述の山。ウィキペディア風にいえば、［要出典］［要出典］とベタベタ貼り付けたくなるようなサイトやブログばかりです。文化史的な事項だと、あからさまなウソや思いこみが書いてあるものが、グーグルで検索すると検索上位に来てしまったりするんです。

ウィキペディアの記事の信頼度がどの程度のものかを知りたいなら、記事の一番下のほうにある、参考文献や出典を見てください。それをたくさんあげていれば、信用度は高いと見ていいでしょう。もちろん、参考文献があれば記事内容も正しいとはかぎりませんが、少なくとも、検証可能なネタ元を示していれば、フェアな書き手であるといえます。

予想以上に使えて感心したのが、新聞記事のデータベースでした。朝日と読売は、明治以降のすべての記事を、オンラインで検索できるようになってます。家庭のパソコンからはできません。個人向けサービスもあるのですが、そちらはだいたい、一九八〇年代以降の記事しか検索できないんです。過去の記事を調べるには、図書館や大学、企業向けのフルサービスを使わせてもらうしかないので、だれでもできる、というわけにはいかないのが残念です。過去記事に関しては検索機能がまだまだ不十分で、使いにくいところもありますが、細かい改良は続いているようなので、今後も期待しています。

過去にも新聞記事をネタにした本はあったのですが、朝日新聞社や読売新聞社の協力を得て、データベースを使わせてもらって書いてたようで、一紙の記事のみにかぎられてます。

今回私は、朝日・読売両紙のデータベースを使って調べました。同じテーマを軸に二紙を検索・比較することで、情報を補完したり矛盾を見つけたり、同じ問題でも一方は熱心に取りあげてるのにもう一方はほぼ無視だったりと、とても興味深い発見がありました。どちらか一紙だけしか参考にしなかったら、もっと視野が狭まっていたはずです。政治的イデオロギーに染まった頭で新聞を読むから、つまらなくなるんです。文化史の史料としては、朝日も読売も一級品です。

なお、新聞の投書欄の職業についての研究は『つっこみ力』（ちくま新書）に収録されてます。地方紙の死亡広告比較や、東京ドーム何個分というたとえをよく使うのは朝日か読売か、などの新聞ネタは『13歳からの反社会学』（角川書店）で披露しております。興味をお持ちのかたは、私の過去の著作もあわせてお読みくださるよう、懇願仕候。

# 文庫版あとがき——土下座騒動記

本書が『パオロ・マッツァリーノの日本史漫談』というタイトルの単行本として二見書房から発売されたのが三年前。今回、ちくま文庫に収録されることになり、タイトルを『誰も調べなかった日本文化史』と改めました。

『反社会学講座』という著書で世に出たためか、私を社会学の専門家と思ってるかたも多いのですが、とくに社会学が専門というわけではないし、社会学をおもしろいと思ったことは一度もありません。どちらかというと、文化史みたいな分野にもともと興味があったのです。

そういうわけで、『反社会学講座』でも文化史っぽい章がありまして、〝ふれあい〟について考察しています。自分ではその章が一番のお気に入りでした。歴史に統計など社会科学的要素を持ち込んでいますので、私がやってることをあえて学問分野で分類するなら、歴史社会学とでもなるのでしょうか。

たいていの大学には、教養科目として「基礎社会学」みたいなのがあるんですが、クソつまんないんですよ。哲学者崩れみたいな中途半端な学者が、社会の枠組みを抽象的にとらえたつもりになって自己満足に浸るだけの内容で。受講した学生がどれくらいの割合で退屈死するかを検証する社会実験なのかと疑うくらいです。

過去の社会がどんなだったか、その歴史を学ばなければ、現在の社会を知ることも不可能です。具体的な史実をおさえずに、抽象的な理論に走る学者のせいで、社会学は空虚で退屈な学問になってしまうんです。

具体的なテーマを探求する歴史社会学のほうが、主流の社会学より数段おもしろいと私は思うのですが、逆に、クソつまんない抽象論的社会学をありがたがる学者さんは、私のやってることが理解できないようですね。むこうはむこうで、私の本をクソつまんないとけなしてるんだから、お互いさまです。

『続・反社会学講座』ではさらに文化史要素を濃くして、〝くよくよとこだわり〟〝尊敬〟〝子殺し〟〝武士道〟などについて掘り下げました。

そして満を持して放ったのが本書です。試行錯誤を重ね、ノウハウを蓄積してきましたので、『反社会学講座』を書いたころよりも、私自身の文化史調査能力は格段に向上しました。

きちんと調べてみると、庶民文化に関しては、かなりまちがったイメージが定着していることがわかります。人間の記憶ほどあてにならないものはありません。むかしはよかった、と懐かしむ人の思い出話こそ、要注意です。美化された過去のお話は、矛盾とウソまみれになってることが多いので。

歴史を探求する者は、できるだけ偏見や先入観を排除して、具体的な文献や史料から事実を拾い直していかねばなりません。そうして導かれた結果が、仮に自分の理想と違っていたとしても、それは受け入れなければいけません。たとえ、むかしはダメだったとわかっても、がっかりせず、それをおもしろがることです。ダメな過去を愛せないのなら、歴史を研究する資格はありません。いつの時代も、社会や人間は薄汚く、しょうもないものなんです。美しい過去だけに浸りたいなら、小説家になってください。

＊

単行本『日本史漫談』が発売されてちょうど二年がすぎた二〇一三年一〇月。突如として私のもとにテレビ・新聞・雑誌から取材の申し込みが殺到しました。

そのとき放送されていたテレビドラマ『半沢直樹』は社会現象となるほどの人気で

した。なかでも、主人公が上司から土下座を強要されたり、仕返しに上司に土下座を迫るといったシーンが反響を呼びました。さらに同じ頃、客が店員に土下座を強要するといった事件が起きたりして、にわかに土下座が注目を集めたのです。

けっこうテレビドラマの出来にキビシい私も、『半沢直樹』は久々の快作だなあと、毎週楽しみに見ていましたが、土下座のシーンだけはやや違和感をおぼえてました。いまの時代に、これ、やる？　時代錯誤っぽくないかなあ。でも、みんながそこに食いついたってことは、現在でもそこそこやってるってことなのか……。

で、マスコミ各社がネットを検索したところ、どうもパオロとかいうヤツが、日本で唯一、土下座を研究して本を書いたらしい。ひとつこいつに話を聞いてみるか、てな具合に取材が殺到したのでした。

私は以前からテレビには出ないと宣言しておりました。え？　出演の話が来ないのに強がってるのではありませんよ。ホントにこれまで三回ほど出演依頼があったのですが、おことわりしてきたんです。今回も、声のコメント出演までとさせてもらいましたが、テレビは基本的に、顔を出して発言しないといけないらしい。出演しない場合は、コメントもまともに取りあげてもらえないようです。

いちおう取材には協力したのですが、実際に放送された番組を見ると、土下座のことなどなにも知らない歴史学者が引っ張られてきて、だれでも知ってるような薄い情報をしゃべってお茶を濁してました。

ネット上にも土下座の文化史についての詳しい情報はほとんどありません。ウィキペディアの土下座の項目には、「江戸期には相手に土下座をして謝ることで、大抵のことは許してもらえる風潮があった」などとビックリするようなウソが堂々と書かれてます（二〇一四年七月末の時点）。それがホントだったら、江戸時代には刑罰も裁判も牢屋も不要だったことになっちゃいます。土下座してあやまれば済むんですから。じゃあ、実際にあった仇討ちや死刑はなんだったの？　それで死んだのは、土下座することを拒否した誇り高き人々だったのですか？　どこからこんな珍説がひねり出されたのでしょう？

本書をお読みいただければわかりますが、土下座して謝るという習慣が庶民の間に広まったのは大正時代後期からです。江戸時代には、そもそも土下座して謝るという行為自体が一般的ではなかったのです。

余談ですが、取材時に何度か聞かれたので、私が土下座について詳しく調べたきっかけについてもお話ししておきましょう。

もう七、八年くらい前かもしれません。なにかのコラム記事か対談記事で、文化人類学者の山口昌男さんが、いま土下座について調べてるんだ、みたいなことをいってたんです。それを読んだ私は、へえ、さすが山口さん、おもしろいところに目をつけるなあと、結果が発表されるのを楽しみにしていたのです。

ところがいつまでたっても発表される気配がありません。ならば、と自分で調べてみたみたというわけです。

半沢ブームに便乗して私の本も売れてくれないかな、という期待は、はかなく消えました。売り上げはほとんど伸びなかったですね。取りあげかたにもよるのでしょうけど、テレビで何回か紹介されたくらいでは、本の宣伝効果はないみたい。本が売れるには、有名タレントが「この本すごいんです！」「感動しました！」と推薦しないとダメらしいのです。

今回の件では、マスコミの不思議な慣習もわかりました。新聞や雑誌は、取材を受けると取材協力費やコメント料として些少ながらお金をくれるのです。

しかしテレビは、取材に応えただけでは、びた一文払ってくれません。たとえ一時間、電話で取材に応じたとしてもです。コメンテーターやゲストとして出演しないかぎり、ギャラは発生しないって方針のようです。

テレビの人たちは、情報にお金を払うつもりはないんですね。だったら、取材に応じる時間をとられるうえに、たいした宣伝効果もないのだから、こちらにはなんのメリットもありません。もしも今後、テレビから取材を申し込まれたら、先に情報提供料を請求することにします。

# 参考文献一覧


## 第一章——つゆだくの誠意と土下座カジュアル

大渕憲一『謝罪の研究』東北大学出版会
『北の国から'92 巣立ち』テレビドラマ　フジテレビ
宮本勝 編『くらしの文化人類学6〈もめごと〉を処理する』雄山閣
サイモン・ロバーツ『秩序と紛争』千葉正士 監訳　西田書店
釘本久春「誠意という言葉」（『言語生活』1952年1月号）
宮内庁『明治天皇紀　第三』吉川弘文館
『明治ニュース事典』毎日コミュニケーションズ
大槻文彦『大言海』冨山房
岩瀬彰『「月給百円」サラリーマン』講談社現代新書
『日本国語大辞典　第二版』小学館
『国史大辞典』吉川弘文館
『古事類苑　礼式部　一』吉川弘文館

安藤優一郎『大名行列の秘密』NHK出版生活人新書
十返舎一九『東海道中膝栗毛』麻生磯次 校注 岩波文庫
根岸茂夫『大名行列を解剖する』吉川弘文館
市岡正一『徳川盛世録』平凡社東洋文庫
石川啄木「葬列」(『石川啄木全集 第三巻』) 筑摩書房
和辻哲郎「土下座」(『現代日本思想大系28』) 筑摩書房
『改訂 綜合日本民俗語彙 第二巻』柳田国男 監修 民俗学研究所 編 平凡社
『新版 絵巻物による日本常民生活絵引』澁澤敬三、神奈川大学日本常民文化研究所 編 平凡社
生野善應『ビルマ佛教 その実態と修行』大蔵出版

**第二章――先生と呼ばないで**

梶山健 編著『世界名言大辞典』明治書院
吉行淳之介『贋食物誌』新潮文庫
内田樹『先生はえらい』ちくまプリマー新書
高見沢茂『東京開化繁昌誌』天籟書屋
『故事俗信ことわざ大辞典』小学館
鈴木丹士郎『江戸の声』教育出版

氏家幹人「江戸の悪知恵」(『週刊文春』２００９年9月3日)
『誹風柳多留全集』三省堂
浜田義一郎編『江戸川柳辞典』東京堂出版
式亭三馬『浮世床』和田万吉校訂　岩波文庫
式亭三馬『浮世風呂』(『新日本古典文学大系86』)神保五彌 校注　岩波書店
乙竹岩造『日本庶民教育史』臨川書店
島崎藤村『破戒』新潮文庫
夏目漱石『坊っちゃん』新潮文庫
鈴木孝夫『ことばと文化』岩波新書
渡辺友左「「呼称」という論点」(『日本語学』１９９８年8月)
劉柏林「中日の社交呼称について」(『言語と文化』愛知大学語学教育研究室２００４年8月)
盧万才「日本語と中国語の呼称の待遇的機能」(『ポリグロシア』２００９年10月)
花輪和一『刑務所の中』青林工藝社
金原龍一『31年ぶりにムショを出た』宝島社
見沢知廉『囚人狂時代』新潮文庫
『声４』朝日新聞社 編　朝日文庫
『声５』朝日新聞社 編　朝日文庫

「産経新聞」２００３年３月24日
佐藤卓己 編『戦後世論のメディア社会学』柏書房
青空文庫（http://www.aozora.gr.jp/）
外山滋比古「ことばの作法」（『日経ビジネスアソシエ』２００７年１月２日）

## 第三章——全裸のゆくえ

和田正平『裸体人類学』中公新書
『心理学辞典』有斐閣
『心理臨床大事典　改訂版』培風館
N・シラミー『ラルース臨床心理学事典』弘文堂
Reuters（http://uk.reuters.com/）２００５年６月16日 “‘Naked rambler” starts nude walk with girlfriend”
Wikipedia “Stephen Gough”（http://en.wikipedia.org/wiki/Stephen_Gough）
Naked walk.org（http://www.nakedwalk.org/）

## 第四章——部屋と開襟シャツとわたし

『シルシルミシルさんデー』テレビ朝日　２０１０年12月５日放送
日本ネクタイ組合連合会『日本ネクタイ史』

渡辺洋三『法とは何か　新版』岩波新書
『早春』日本映画
『日本の素顔　レジャーの断面』ＮＨＫ　１９６１年７月放送
高橋晴子『年表　近代日本の身装文化』三元社
空気調和・衛生工学会 編『図解空調・給排水の大百科』オーム社
『日本冷凍史』日本冷凍協会
日本繊維新聞社『繊維ファッション年鑑１９９６』

## 第六章——名前をつけてやる

小林康正「姓名学の誕生」（『京都文教大学人間学部研究報告２００７年度』）
『明治大正新語俗語辞典』東京堂出版
『日本世相語資料事典《大正編》』日本図書センター
田中圭一『百姓の江戸時代』ちくま新書
佐藤稔『読みにくい名前はなぜ増えたか』吉川弘文館
高梨公之『名前のはなし』東京書籍
吉田兼好『徒然草』（『新編日本古典文学全集44』小学館）
角田文衛『日本の女性名　歴史的展望』国書刊行会
梅田修『ヨーロッパ人名語源事典』大修館書店

"USA Today" ２００９年10月13日 "A century of most popular baby names-top 50 by decade" (http://www.usatoday.com/news/health/2009-10-13-baby-names_N.htm)
明治安田生命「名前ランキング」(http://www.meijiyasuda.co.jp/profile/etc/ranking/)
第一生命広報部 編『日本全国苗字と名前おもしろＢＯＯＫ』恒友出版
岩淵悦太郎・柴田武『名づけ』筑摩書房
バンダイ「お子様の名付け親と名前の付け方は?」(『アンケート調査年鑑２０００年版』並木書房)
アニコム損害保険「犬の名前ランキング２００９」(http://www.anicom-sompo.co.jp/name/dog_2009.html)
日高敏隆 監修『猫の名前・犬の名前』ＰＨＰ研究所

## 第七章――東京の牛

米川明彦 編著『明治・大正・昭和の新語・流行語辞典』三省堂
『江戸東京学事典』三省堂
遠藤元男『日本人の生活文化史５　路と車』毎日新聞社
『御觸書寛保集成』高柳眞三・石井良助 編　岩波書店
『江戸町触集成第十一巻・第十五巻』近世史料研究会 編　塙書房
『新訂江戸名所図会』市古夏生・鈴木健一 校訂　ちくま学芸文庫

熊井保『江戸の牛稼ぎ』(国立歴史民俗博物館研究報告第14集)
黒川鍾信『東京牛乳物語』新潮社
吉田豊『牛乳と日本人 新版』新宿書房
内閣府『交通安全白書平成22年版』
東京都『東京百年史 第三巻』ぎょうせい

**第八章——疑惑のニオイ**

「秘蔵!コーヒー豆知識」(http://www.kimameya.co.jp/mame/mamechisiki.html)
グラハム・ベル、アネスリー・ワトソン編『味とにおい』川口健夫 訳 フレグランスジャーナル社
「若者の食行動における牛乳・乳製品に関する調査 平成22年3月」日本酪農乳業協会
「16~19歳女性を対象にした牛乳に関するアンケート調査 2009年10月」日本酪農乳業協会
「2009牛乳・乳製品の消費動向に関する調査」日本酪農乳業協会
吉田豊『牛乳と日本人 新版』新宿書房
『新聞広告美術大系2 明治編飲食・嗜好品』羽島知之 編 大空社
「平成21年度 2009学校給食用牛乳の飲用実態調査報告書」日本酪農乳業協会
「平成18年度保健・衛生行政業務報告」厚生労働省

上野川修一 他 編『ミルクの事典』朝倉書店
『別冊宝島１４５３号 牛乳は体に悪いのか』宝島社
「全国消費実態調査報告 平成16年」総務省統計局
「平成17年 患者調査」厚生労働省
「食中毒統計資料」厚生労働省（http://www.mhlw.go.jp/topics/syokuchu/04.html）
『大日本牛乳史』牛乳新聞社 編
『昭和ニュース事典』毎日コミュニケーションズ
池田錫「牛乳の加熱殺菌方法」（『獣医畜産新報』１９５２年12月１日号）
『ミルク総合事典』朝倉書店
須藤正衛「10円牛乳の問題点」（『協同組合経営研究月報１９５６年５月号』）
松原英二 他「牛乳の品質と香気成分のかかわり」（『畜産の研究』２０００年12月号）
阿久澤良造「加工乳製品を考える」（『畜産の研究』２０００年12月号）
國部進『においの神秘』工業調査会
『香りの総合事典』日本香料協会 編 朝倉書店
都甲潔『味覚を科学する』角川選書
ジェイ・イングラム『そうだったのか！』東中川徹 訳 講談社ブルーバックス
"Why Does Asparagus Make Some People's Urine Smell Funny?" (http://www.wisegeek.com/why-does-asparagus-make-some-peoples-urine-smell-funny.htm)

Cecil Adams “Why does asparagus make your pee smell funny?”（http://www.straightdope.com/columns/read/577/why-does-asparagus-make-your-pee-smell-funny）
Hannah Holmes “Why Asparagus Makes Your Pee Stink”（http: //dsc. discovery.com/guides/skinny-on/asparagus.html）
K－H・プラティヒ『鼻のきく人　舌のこえた人』小川尚 訳　学会出版センター
山本謙治『日本の「食」は安すぎる』講談社＋α新書

**第九章——戦前の一面広告**

『新聞広告の常識』朝日新聞社広告局 編　朝日新聞社
『日本新聞発展史〈明治・大正編〉』樽書房
市村芳香『新聞販売史明治篇』新聞情報社
『読売新聞百年史』読売新聞社
『新聞広告美術大系5　明治編　金融・交通・その他』羽島知之 編　大空社
海野弘『ダイエットの歴史』新書館
浜崎廣『女性誌の源流』出版ニュース社
近代女性文化研究会『大正期の女性雑誌』大空社
警保局『新聞雑誌社特秘調査』大正出版
『ミリオンセラー誕生へ！　明治・大正の雑誌メディア』印刷博物館 編著　東京書籍

佐藤卓己『『キング』の時代』岩波書店

第十章──たとえ何度この世界が滅びようと、僕はきみを離しはしない

菟道春千代『食パン亡国論』食養新聞社
中山茂『女子大学生亡国論』大陸書房
岩川隆「白化亡国論」（日本エッセイストクラブ編『87年版ベスト・エッセイ集　おやじの値段』文藝春秋）
丸山俊『フリーター亡国論』ダイヤモンド社
鹿島茂・斎藤珠里『セックスレス亡国論』朝日新書
山名正太郎『ニッポン亡国論』住宅新報社
内田魯庵「佐田介石及びランプ亡国論」（『獏の舌』春秋社）
与美亭三鷹 編『古今人物狂詩百面相』友文舎
『明治ニュース事典』毎日コミュニケーションズ
中山泰昌 編『新聞集成明治編年史　第五巻』本邦書籍
浅野研真『佐田介石　明治初年の愛国僧』東方書院
山内脩謙『明治大正傑僧秘談』大雄閣

この作品は二〇一一年一〇月、二見書房より刊行された『パオロ・マッツァリーノの日本史漫談』に加筆し改題したものです。

ちくま文庫

誰《だれ》も調《しら》べなかった日本文化史《にほんぶんかし》
——土下座《どげざ》・先生《せんせい》・牛《うし》・全裸《ぜんら》

二〇一四年九月十日　第一刷発行

著者　パオロ・マッツァリーノ
発行者　熊沢敏之
発行所　株式会社　筑摩書房
東京都台東区蔵前二―五―三　〒一一一―八七五五
振替〇〇一六〇―八―四一二三
装幀者　安野光雅
印刷所　株式会社加藤文明社
製本所　株式会社積信堂

乱丁・落丁本の場合は、左記宛にご送付下さい。
送料小社負担でお取り替えいたします。
ご注文・お問い合わせも左記へお願いします。
筑摩書房サービスセンター
埼玉県さいたま市北区櫛引町二―六〇四　〒三三一―八五〇七
電話番号　〇四八―六五一―〇〇五三

ISBN978-4-480-43200-1　C0195